STATUTS,

ARTICLES, ORDONNANCES, ET REGLEMENS

Des Jurez & anciens Bacheliers & Maîtres de la Communauté des Savetiers de la Ville, Fauxbourgs, Banlieue, Prevôté & Vicomté de Paris.

Vérifiés en Parlement le vingtiéme Mars 1659.

Tirés des anciens Statuts de ladite Communauté, accordés par Charles VII. au mois de Janvier 1443. Louis XI. au mois de Juin 1467. confirmés par François I. au mois d'Octobre 1516. par Charles IX. au mois de Janvier 1566. par Henry IV. le 15 Juillet 1598. & par Louis XIV. de glorieuse mémoire, au mois de Mars 1659.

Du tems de JEAN BECQUET, *Syndic*, PIERRE PARMENTIER, JEAN ROBLOT, CLAUDE MOUSSET, JEAN-PIERRE ROSSIGNOL, *Jurés en charge de ladite Communauté en l'année* 1743.

A PARIS,

De l'Imprimerie de VALLEYRE, rue saint Severin, vis-à-vis le Portail, à l'Annonciation.

M. DCCXLIII.

STATUTS, ARTICLES, ORDONNANCES, ET REGLEMENS

De la Communauté des Jurez, Prud'hommes, anciens Bacheliers & Maîtres Savetiers de la Ville, Faux-bourgs & Banlieue, Prevôté & Vicomté de Paris.

PREMIEREMENT.

L'EXPERIENCE a fait connoître que les Maîtres Savetiers de ladite Ville, Banlieue, Prevôté & Vicomté de Paris, ont vécu avec tant de zele, de respect & d'honneur en la conduite de leur métier depuis le regne de Charles VII. jusqu'à present, que les Rois ne leur ont point successivement dénié la protection de leur Puissance souveraine; & les derniers efforts qu'ils ont fait parmi eux depuis peu, sont si recommandables, que Sa Majesté leur accordera, s'il lui plaît, les avantages de ne proce-

Les causes differends & contestations portées en premiere instance au Châtelet de Paris.

der en leurs causes, differends & contestations, qu'au Châtelet de Paris en premiere Instance, & au Parlement en cas d'appel, pour quelque cause que ce puisse être.

II.

Déchargéz du droit de Hautban.

Ayant égard à la Sentence contradictoirement rendue audit Châtelet de Paris dès le quatriéme Mai mil quatre cens vingt-neuf, les Maîtres dudit Métier demeureront déchargés du droit de Hautban, ne seront dorénavant inquietés pour raison de faits domaniaux en quelque maniere que ce soit.

III.

Conservez en la faculté de faire des souliers neufs pour leurs femmes & leur famille.

Ils seront conservés en la faculté de faire souliers neufs pour leurs femmes & leur famille, ainsi qu'il a été publiquement jugé par Arrêt contradictoire du Parlement de Paris du 26 Mai mil cinq cens seize.

IV.

Défenses à tous autres de faire des souliers appellés Bobelins.

Défenses & inhibitions très-expresses seront faites à toutes personnes de se dire Bobelineurs, ni faire de souliers autrefois appellés Bobelin, ou se mêler du fait de Savetier, à peine de confiscation & amende arbitraire, suivant la Sentence contradictoire dudit Châtelet de Paris, du quinziéme Decembre mil cinq cens vingt-un.

V.

Exempts & déchargés des Lettres à cause des avénemens des

Conformément au dix-septiéme Article desdits Statuts du feu Roy Charles IX. du mois de Janvier 1566. fondé sur les Ordonnances faites aux Etats

Generaux tenus en la Ville d'Orleans, & mettant en considération la finance de trois mille livres que lesdits Maîtres ont payée dans les coffres de Sadite Majesté, ainsi qu'il paroît par la quittance du Tresorier de son Epargne, du dernier Mai 1658. en exécution de la Declaration du 20 Août 1657. registrée en sondit Parlement le 4 Septembre ensuivant, leur Communauté demeurera exempte & déchargée des Lettres que l'on avoit coûtume de créer à cause des avénemens des Rois à la Couronne, Majorité, Mariages, Entrées dans les Villes, Naissances de Dauphins, Enfans de France, & premier Prince du Sang, Couronnement, Entrées & Regence des Reines, & autres généralement quelconques, sans aucune exception ni réserve, pour quelque motif, sujet & exception que ce puisse être : ce faisant, nul ne sera admis audit métier qu'en faisant chef-d'œuvre, & après avoir dûement fait voir l'experience qu'il s'y est acquis pour le soulagement, la commodité & la necessité des peuples, nonobstant toutes les Declarations, Lettres, Arrêts & Reglemens au contraire, que Sadite Majesté révoque à present & pour l'avenir, sans qu'il soit besoin de mandemens plus exprès.

Rois à la Couronne, Majorité, Mariages.

Nul ne sera admis audit Métier qu'en faisant chef-d'œuvre.

VI.

Pour l'exécution du douzieme Article desdits Statuts de Charles IX. du mois de Janvier 1566. & premier Article de ceux dudit feu Roi Henry IV. de glorieuse mémoire, du 15 Juillet mil cinq cens quatre vingt dix-huit, il y aura quatre Jurez dudit Métier, dont deux seront élus tous les ans en la maniere

Quatre Jurez dudit Métier.

accoutumée suivant l'ordre du Tableau.

VII.

Droit de visite accordé aux Jurez, sans que lesdits Jurez & Maîtres puissent être sujets à aucunes visites des Maîtres Baudroyeurs & autres.

Lesdits Jurez, ci-devant nommez Gouverneurs de ladite Communauté, pourront visiter ainsi qu'ils ont toujours fait, tant dans ladite Ville de Paris, Fauxbourgs, Prevôté & Vicomté d'icelle dans les Maisons, Boutiques, Etats & Ouvroirs les Maîtres dudit métier & tous autres qu'ils découvriront s'en mêler, feront leurs rapports pardevant le Procureur de Sa Majesté audit Châtelet, & tiendront la main à la punition des Contrevenans aux Ordonnances, sans que lesdits Jurez & Maîtres puissent être aucunement sujets aux recherches ni visites des Maîtres Baudroyeurs, & tous autres généralement quelconques, suivant le seiziéme Article desdits Statuts de Charles IX. du neuf du mois de Janvier mil cinq cens soixante-six.

VIII.

Pourront, assistez d'un Commissaire, faire saisir les ouvrages chez les Cordonniers où l'on employera de vieux cuir.

En conséquence du trente-deuxiéme Article desdits Statuts d'Henry IV. du quinziéme Juillet mil cinq cens quatre-vingt-dix-huit, confirmés par la Sentence dudit Prevôt de Paris du huitiéme Novembre mil six cens dix huit & l'Arrêt dudit Parlement du dix-neuviéme Fevrier mil six cens dix-neuf, lesdits Jurez en allant & venant au-devant des Boutiques des Maîtres Cordonniers de la Ville & Faubourgs, Banlieue, Prevôté & Vicomté de Paris, sans aucune exception de personnes, pourront par un Commissaire dudit Châtelet ou autres Officiers d'icelui, faire saisir les ouvrages qu'ils découvriront où l'on employera de vieux cuir, ou autre défendu, & en faire leur rapport pardevant le Procureur de Sa Majesté au Châtelet, afin que la punition soit conforme au délit, & que chacun puisse être heureusement détenu en la manufacture des ouvrages dépendans de son Art.

IX.

Huit Prud'hommes seront élus conformément à l'Avis du septiéme Octobre mil six cens quarante-huit, pardevant le Procureur de Sa Majesté audit Châtelet, & se trouveront à toutes les Assemblées sur les mandemens desdits Jurez en charge, sans toutefois qu'ils puissent être nommés qu'après dix années de réception en maîtrise dudit Art. Huit prud'hommes petits Jurez de la Communauté.

X.

Nonobstant le sixiéme Article desdits Statuts accordés par Charles IX. au mois de Janvier mil cinq cens soixante-six, & le septiéme de ceux d'Henry IV. du quinziéme Juillet mil cinq cens quatre-vingt-dix-huit sera executé: Ce faisant, nul ne pourra parvenir à la Maîtrise dudit Métier, qu'il n'ait fait son apprentissage en ladite Ville de Paris, & n'en rapporte son Brevet en bonne forme. Nul ne sera reçu Maître sans Brevet en bonne forme.

XI.

Les premiers Articles desdits Statuts des Rois Charles VII. Charles IX. & Henry IV. sont conçus avec tant de justice, que nul ne pourra conformément à iceux, prétendre à ladite Maîtrise, qu'il ne soit de la Confrérie dudit Métier. Et qu'il ne soit de la Confrérie.

XII.

Et qu'il ne lui ait fait present d'une livre de cire blanche.

Suivant les deuxiémes Articles desdits Statuts de Charles VII. & Charles IX. confirmés par le troisiéme Article de ceux d'Henry IV. nul ne sera reçu Maître qu'il n'ait fait present d'une livre de cire blanche à ladite Confrérie.

XIII.

Brevets d'apprentissage passez pour trois ans pardevant Notaires.

En expliquant les cinq & sixiéme Articles desdits Statuts de Charles IX. & Henry IV. du mois de Janvier mil cinq cens soixante-six, & quinze Juillet mil cinq cens quatre-vingt-dix-huit, les Brevets des Apprentifs seront passés pour trois ans pardevant Notaires dudit Châtelet, en presence desdits Jurez, de deux au moins. Seront tenus de les faire registrer pardevant ledit Procureur de Sadite Majesté, & de prendre de lui Lettres domaniales.

XIV.

Le Maître ne pourra avoir qu'un apprentif.

Conformément ausdits Articles, & au trente-septiéme desdits Statuts d'Henry IV. tout Maître dudit Métier ne pourra avoir qu'un Apprentif, à peine d'amende arbitraire.

XV.

Défenses aux Apprentifs de s'absenter.

Et ainsi qu'il est declaré par le seiziéme Article desdits Statuts d'Henry IV. du quinziéme Juillet mil cinq cens quatre-vingt-dix-huit, Défenses très-expresses seront faites aux Apprentifs de s'absenter ni sortir des maisons de leurs Maîtres, que par leur consentement & permission, à peine d'être déchus de la Maîtrise.

XVI.

XVI.

Cas pour lesquels l'Apprentif eſt exclu de la Maîtriſe.

Même en interpretant le dix-ſeptiéme Article deſdits Statuts, ſi un Apprentif tombe en des actions honteuſes, attenté à l'honneur des femmes de leurs Maîtres, de leurs veuves, filles, nieces, couſines ou ſervantes, & ſe laiſſe aller au larcin, outre que dès-à-preſent il ſera exclu de ladite Maîtriſe, il ſera inceſſamment pourſuivi en juſtice, pour en être fait punition exemplaire.

XVII.

L'Apprentif ſera tenu de mettre dix ſ. dans la boëte de la Confrérie.

Pour ôter tous les doutes des trois Articles deſdits Statuts de Charles VII. & Charles IX. ſuivis du quatriéme de ceux d'Henry IV. chaque Apprentif ſera tenu de mettre en la boëte de ladite Confrérie dix ſols le propre jour que ſon brevet aura été paſſé, dont il ſera tenu de rapporter quittance quand il voudra parvenir à ladite Maîtriſe, & ſera regiſtrer ſondit brevet dans le Regiſtre de ladite Confrérie, afin d'en éviter toutes les fraudes & pactions contraires à fidelité de ladite Confrérie.

XVIII.

Ne pourra être admis à la Maîtriſe, s'il n'a ſervi les Maîtres quatre ans.

Le dix-neuviéme Article deſdits Statuts du feu Roy Henry IV. du quinziéme Juillet mil cinq cens quatre-vingt-dix-huit, ſera ſi exactement obſervé, que nul, après le temps de ſon apprentiſſage, ne ſera admis à ladite Maîtriſe qu'il n'ait ſervi les Maîtres quatre années entieres & accomplies.

XIX.

Suivant le dix-huitiéme Article des mêmes Statuts, lesdits Jurez examineront exactement les brevets de l'Aspirant à ladite Maîtrise avant que de l'admettre au chef-d'œuvre, afin de réprimer les abus trop ordinaires en ce rencontre, & de préferer l'interêt du Public à la recommandation en faveur d'un particulier.

XX.

Poura parachever son tems sous la veuve de son Maître.

Conformément au vingt-uniéme Article desdits Statuts d'Henry IV. l'Apprentif pourra parachever son temps sous la veuve de son Maître, en cas de décès.

XXI.

Les Veuves jouiront du privilege de leurs maris.

Et les veuves desdits Maîtres seront en si grande recommandation parmi ladite Communauté, qu'en exécution dudit Article, elles jouiront des privileges de leurs maris tant qu'elles demeureront en viduité, & pourvû qu'elles menent une vie honnête.

XXII.

Les Brevets premiers en date auront la préference.

Au terme du vingtiéme Article desdits Statuts & l'Arrêt du Parlement intervenu en connoissance de cause le dix-huitiéme Juillet mil cinq cens soixante & dix-neuf, les Compagnons qui auront long-temps fidelement servi les Maîtres, & dont les brevets seront premiers en date, auront la préference pour la réception à la Maîtrise.

XXIII.

Nul Maître ne pourra employer aucuns Compagnons qu'ils ne soient Apprentifs de ladite Ville de Paris, ou autres où il y a Jurande établie, à peine d'amende arbitraire, selon le huitiéme Article desdits Statuts de Charles IX. du mois de Janvier mil cinq cens soixante-six.

On ne pourra emploier aucuns Compagnons, qu'ils ne soient Apprentifs de Paris ou d'autre ville où il y ait Jurande.

XXIV.

Ni ne pourra se servir des Apprentifs ou Compagnons qui seront sortis des boutiques, ouvroirs & maisons de leurs Maîtres pour larcin ou autre action vicieuse, jusqu'à ce qu'ils ayent été purgés des accusations contre eux faites en justice, à peine d'amende, ainsi qu'il est porté par le trente-neuviéme Article desdits Statuts d'Henry IV. du quinziéme Juillet mil cinq cens quatre-vingt-dix-huit.

On ne poura se servir d'Apprentifs ou Compagnons accusé d'action vicieuse.

XXV.

Suivant le quatriéme Article des mêmes Statuts, tous Compagnons qui pendant l'espace de trois jours auront quitté le service de leurs Maîtres, ou commis action honteuse, seront conduits dans les prisons dudit Châtelet, & incessamment leur procès leur sera fait & parfait.

Compagnons punis

XXVI.

Les vingt-cinq & trente-sixiéme Articles desdits Statuts de Charles IX. & Henry IV. ont été établis pour entretenir la discipline honnête parmi les Maîtres dudit Métier, & ainsi ils ne pourront retirer, ni

Ne pourront les Maîtres se servir des Compagnons les uns des autres.

se servir des Apprentifs ou Compagnons les uns des autres, à peine d'amende arbitraire.

XXVII.

Défenses aux Compagnons de se débaucher.

Pour heureusement entretenir l'execution du vingt-sixiéme Article desdits Statuts d'Henry IV, du quinziéme Juillet mil cinq cens quatre-vingt-dix-huit, défenses seront faites ausdits Compagnons de se débaucher, ni ôter la besogne les uns des autres, à peine de prison, afin qu'ils puissent toujours être au service, sitôt qu'ils seront sortis d'avec leurs Maîtres pour cause legitime & sans bruit, ils s'adresseront au Clerc de la Communauté, qui après leur avoir trouvé emploi, les y conduira sans difficulté quelconque.

XXVIII.

Compagnons de Paris preferez à tous autres.

En interprétant le trente-cinquiéme Article desdits Statuts de Henry IV. les Maîtres dudit Métier employeront & mettront en besogne, à l'exclusion des étrangers, les Compagnons qui auront fait leurs apprentissages en cette Ville de Paris.

XXIX.

Défenses à tous autres qu'aux Maîtres d'acheter aucunes savates pour les revendre ou mettre en œuvre.

Conformement au septiéme Article desdits Statuts de Charles IX. du mois de Janvier mil cinq cens soixante-six, défenses seront faites à toutes personnes d'acheter aucunes savates pour les revendre ou mettre en œuvre en ladite Ville, Fauxbourgs, Banlieue, Prevôté & Vicomté de Paris, qu'elles ne soient du nombre desdits Maîtres, & n'ayent été reçûes pardevant le Procureur de Sadite Majesté au Châtelet, ni même d'acheter aucun vieux cuir.

XXX.

En ajoûtant au troiſiéme Article deſdits Statuts de Louis IX. de Juin mil quatre cens ſoixante - ſept, confirmez par François I. au mois d'Octobre mil cinq cens ſeize, & au douziéme Article deſdits Statuts de Charles IX. du mois de Janvier mil cinq cens ſoixante - ſix, le neuviéme Article deſdits Statuts dudit feu Roy Henry IV. du quinziéme Juillet mil cinq cens quatre-vingt-dix-huit, fondé ſur les Arrêts dudit Parlement, nonobſtant les onze & douze Articles des mêmes Statuts, ſera dorénavant exécuté : ce faiſant, nul ne pourra tenir ouvroir, ni avoir boutique dudit métier, & s'en mêler en ladite Ville, Fauxbourgs, Banlieue, Prevôté & Vicomté de Paris, ſous quelque prétexte que ce ſoit, qu'il n'ait fait chef-d'œuvre en préſence deſdits Jurez, & de quatre deſdits Prud'hommes, qui ſeront déleguez à cet effet par leſdits Jurez.

Chef-d'œuvre en préſence des Jurez & de quatre Prud'hommes.

XXXI.

En expliquant le dixiéme Article deſdits Statuts du quinzieme Juillet mil cinq cens quatre-vingt-huit, les Aſpirans à ladite Maîtriſe feront pour leur chef-d'œuvre trois paires de Souliers : ſçavoir, la premiere à l'antiquité, ſangle à double rivet, & les deux autres à l'uſage du temps, enſemble une remonture de botte, ou bien quatre paires de Souliers, tels que leſdits Jurez avec leſdits quatre Prud'hommes trouveront à propos.

Trois paires de ſouliers & une remonture de bottes pour chef-d'œuvre.

XXXII.

L'Aspirant qui ne sera pas jugé capable, sera renvoyé.

Si lesdits Aspirans ne rendent leur chef-d'œuvre parfait, & qu'il ne soit pas trouvé capable de parvenir à ladite Maîtrise, il sera renvoyé pour servir les Maîtres, & quand il aura acquis l'expérience necessaire, il pourra être admis au chef-d'œuvre nouveau, ainsi qu'il est specifié par le treiziéme Article desdits Statuts, du dix-neuviéme Juillet mil cinq cens quatre-vingt-dix-huit.

XXXIII.

L'Aspirant habile sera admis & à quelles conditions.

Si au contraire ledit Aspirant s'acquitte dignement dudit chef-d'œuvre, il sera admis à ladite Maîtrise, il prêtera serment entre les mains du Procureur de Sa Majesté audit Châtelet de Paris, payera trois livres pour ladite Confrérie, avec une livre de cire blanche & dix sols au Clerc de ladite Communauté, comme il est ordonné par le quatorziéme Article desdits Statuts.

XXXIV.

Ce que l'Aspirant doit payer aux Grands & aux Petits Jurez.

En exécution du quinziéme Article desdits Statuts fondé sur les Arrêts dudit Parlement, nonobstant tous les autres Reglemens, lesdits Aspirans seront pareillement tenus de payer à chacun desdits Jurez la somme de cinquante sols, & à chacun desdits Prud'hommes quarante sols en la maniere accoutumée.

XXXV.

L'Apprentif qui épou-

Si dorénavant un Apprentif de ladite Ville de

Paris épouſe la fille ou la veuve d'un Maître dudit Métier, il ſera reçu au chef-d'œuvre par leſdits Jurez en charge, aux termes des vingt-trois & vingt-quatre Articles deſdits Statuts, & pour ſatisfaire à l'Arrêt du Parlement du ſeiziéme Avril mil ſix cens trente-huit.

ſe la fille ou la veuve d'un Maître, ſera reçu au chef-d'œuvre.

XXXVI.

Tous fils de Maîtres ſeront exempts de faire chef-d'œuvre, ſuivant le vingt-deuxiéme Article deſdits Statuts.

Fils de Maîtres exempts de faire chef-d'œuvre.

XXXVII.

Et nonoſtant le quatriéme Article deſdits Statuts de Charles VII. Louis XI. Charles IX. en exécutant l'Article cinq de ceux d'Henry IV. du quinziéme Juillet mil cinq cens quatre-vingt-dix-huit, tous les Maîtres dudit métier payeront toutes les ſemaines de l'année trois deniers à ladite Confrérie, & les Compagnons un denier ſeulement, pour ſurvenir aux luminaires & ornemens, & autres choſes neceſſaires à l'entretennement d'icelle.

Ce que chaque Maître & Compagnons doivent payer annuellement à la Confrérie.

XXXVIII.

Ayant égard à l'Arrêt du Parlement contradictoirement intervenu le dix-huitiéme Juillet mil cinq cens ſoixante-dix-neuf, & au huitiéme Article deſdits Statuts du quinziéme Juillet mil cinq cens quatre-vingt-dix-huit, fait en conſéquence, leſdits Jurez ne pourront recevoir plus de quatre Maîtres par an, de trois mois en trois mois, ſans y comprendre toutefois les fils de Maîtres, ni ceux qui épouſe-

Le nombre de Maîtres que les Jurez pourront recevoir tous les ans.

ront leurs veuves, ou leurs filles, que le Procureur de Sa Majesté audit Châtelet de Paris pourra admettre & en prendre le serment, sans diminution dudit nombre, & pour les Maîtres des Fauxbourgs payeront vingt livres à leur entrée.

XXXIX.

Les Maîtres n'auront qu'un seul état aux Halles, & ne feront aucune Assemblée sans l'ordre du Procureur du Roi du Châtelet.

Pour exactement observer & interpreter les neuf & trente-huitiéme Articles desdits Statuts des Rois Charles IX. & Henry IV. lesdits Maîtres n'auront qu'un seul état aux Halles, afin que chacun puisse plus aisément gagner sa vie, survenir aux necessitez de sa famille; ne feront d'assemblée qu'en la présence ou de l'ordre du Procureur de Sa Majesté audit Châtelet.

X L.

Permis aux Maîtres d'acheter, partager, & lotir avec toutes personnes qui auront fait achat de cuir.

Suivant les quinze & trente-quatre Articles desdits Statuts du mois de Janvier mil cinq cens soixante-six, & quinziéme Juillet mil cinq cens quatre-vingt-dix-huit, pour faciliter les provisions necessaires au travail desdits Maîtres, il leur sera permis d'acheter, partager & lotir avec toutes personnes qui auront fait achat de Cuir en toutes Foires, Halles, Marchez & autres lieux publics, en payant les droits dûs à Sa Majesté, & autres qu'il appartiendra.

XLI.

Les Maîtres pourront vendre échanger & débiter en entier, dé-

Conformément au quatorziéme Article desdits Statuts accordés en faveur de ladite Communauté par le défunt Roi Charles IX. au mois de Janvier mil

mil cinq cens ſoixante-ſix, leſdits Maîtres pourront vendre, échanger & débiter en entier, détail, ou par pieces toutes ſortes de Cuir propre au travail dudit Métier les uns aux autres, tant pour leur commodité, qu'afin que le Public ſoit plus promptement ſervi dans le beſoin qu'il pourra avoir de l'art deſdits Maîtres.

tail, ou par pieces toutes ſortes de cuir les uns aux autres.

XLII.

En ſatisfaiſant au premier Article deſdits Statuts de Louis XI. du mois de Juin mil quatre cens ſoixante-ſept, confirmés par François I. au mois d'Octobre mil cinq cens ſeize, au dixiéme Article deſdits Statuts de Charles IX. du mois de Janvier 1566, & au trente-troiſiéme article deſdits Statuts d'Henry IV. du quinze Juillet mil cinq cens quatre-vingt-dix-huit, défenſes ſeront faites auſdits Maîtres de vendre ni délivrer aux gens de dehors vieilles marchandiſes à raccommoder, à peine de confiſcation, mais pourront leſdits Maîtres en acheter & en vendre, pourvû qu'elles ſoient loyales.

Défenſes auſdits Maîtres de vendre ni donner aux gens de dehors vieilles marchandiſes à raccommoder.

XLIII.

Défenſes ſeront faites à toutes perſonnes de tels arts, métiers & profeſſion qu'elles puiſſent être, de colporter par ladite Ville, Fauxbourgs, Prevôté & Vicomté de Paris, des vieux ſouliers, bottes, bottines, & autres ouvrages dépendans dudit métier, de quoi, en cas de contravention, ſera fait rapport pardevant le Procureur de Sa Majeſté audit Châtelet, pour y être promptement remedié, ſelon la regle de la Juſtice, & à l'avantage de ladite Communauté, comme il eſt dit, tant par le vingt-ſeptiéme

Défences de colporter par la Ville de vieux ſouliers, bottes ou bottines.

Article desdits Statuts du quinziéme Juillet mil cinq cens quatre-vingt-dix-huit, que par la Sentence dudit Prevôt de Paris du dixiéme Novembre mil six cens sept.

XLIV.

Et de crier, vendre ni chercher dans les maisons vieux souliers ou bottines à acheter.

Le vingt-huitiéme Article desdits Statuts accordés par ledit feu Roi Henry IV. de glorieuse mémoire, le quinziéme Juillet mil cinq cens quatre-vingt-dix-huit, & ladite Sentence dudit Prevôt de Paris, rendue en connoissance de cause le dixiéme Novembre mil six cens sept, lûe & publiée par les carrefours de ladite Ville, le cinquiéme Janvier mil six cens huit, & vingt-trois Juillet mil six cens trente-trois, seront executez selon leur forme & teneur : ce faisant, très-expresses défenses & inhibitions seront faites & réiterées à toutes personnes de quelque qualité & condition, lieux & endroits de ladite Ville, Fauxbourgs, Banlieue, Prevôté & Vicomté de Paris qu'elles puissent être, de crier, vendre & d'exposer en vente, ni chercher dans les rues, maisons, boutiques & magasins aucuns vieux souliers, bottes, bottines, & autres ouvrages & besognes dudit métier, à peine de confiscation & de punition, telle que le Procureur de Sa Majesté audit Châtelet ordonnera sur les rapports desdits Jurez, les visites desquels seront souffertes avec honneur, respect & révérence. Et sera enjoint aux Maîtres Fripiers & tous autres de ne supporter, maintenir ni conserver les contrevenans, non pas même de tenir lesdits ouvrages, besognes, ni chose dépendante dudit métier, à peine de desobéissance aux ordres de Justice,

& il ſera permis auſdits Jurez de faire ſaiſir, le tout pour y être pourvû par les voyes de droit.

XLV.

Reglement pour la Communauté des Savetiers & celles des Cordonniers.

Afin d'arrêter heureuſement le cours de divers procès cy-devant mûs entre les Maîtres Cordonniers de ladite Ville & les Maîtres Savetiers d'icelle, même pour cauſer la ſuite d'un repos entier parmi eux, l'Arrêt contradictoire du Parlement du troiſiéme Mars mil ſix cens douze, ſera deſormais inviolablement gardé, & conformément à icelui, Sa Majeſté fera défenſes auſdits Maîtres Cordonniers de mettre à de groſſes bottes de vaches non parées, ſouliers & autres chauſſures de pareille étoffe, d'autres talons & hauſſes, que de cuir baudroyé & mis en plein ſuif, & d'employer aux bottes, ſouliers & pantoufles de vache parée étant à deux ou trois ſemelles, autre ſemelle que de cuir de bœuf gras, & mis en ſuif, ſi leſdites bottes, ſouliers & pantoufles ne leur étoient commandées autrement; pourront auſſi les Maîtres Cordonniers en employer aux bottes blanches retournées, bottes & ſouliers de maroquin & mouton, pantoufles, patins & eſcarpins de velours ou de cuir de couleur des premieres ſemelles de cuir ſec & baudroyé en fort, & non en dernieres ſemelles, qui ſeront de cuir fort mis en ſuif, s'ils ne leur ſont commandés autrement; ne pourront leſdits Maîtres Cordonniers uſer de cuir maigre en doublure ni autres ouvrages, s'ils n'en ſont requis & avoués, & non autrement.

XLVI.

Nombre des Carleurs, Privilegiez.

Quoique par le Reglement il ait été ordonné qu'il y aura dix Carleurs privilegiez suivant la Cour & le Conseil de Sadite Majesté, ainsi qu'il paroît par une Lettre du Prevôt de l'Hôtel de Sadite Majesté, du vingt-sixiéme Avril mil six cens cinquante-sept, signifiée aux Jurez de ladite Communauté le vingt-sept ensuivant, néanmoins le nombre s'en augmente journellement, avec tel excès, que lesdits Maîtres souffrent extrêmement, & se voyent privés du travail qu'ils avoient coûtume de faire ; c'est pourquoi l'Arrêt du Conseil d'Etat du vingt-huitiéme Janvier mil six cens vingt-huit, contradictoirement rendu avec connoissance de cause, sera ponctuellement executé ; ce faisant, les supernumeraires au nombre porté par la Declaration de l'année mil six cens seize seront dès-à-present supprimés, les restans sujets aux visites, comme il est specifié par ledit Arrêt ; & avant que d'être reçus, feront leur experience en presence desdits Jurez aux termes desdits Arrêts.

XLVII.

Les Jurez exempts de Commissions de Ville pendant leur Jurande.

Et enfin pour en quelque façon récompenser les travaux, les peines & les fatigues que lesdits Jurez sont obligés d'essuyer en leurs fonctions, ils demeureront dorénavant déchargés de toutes commissions ordinaires & extraordinaires de Justice & de Ville pendant qu'ils seront en charge seulement.

AVIS

De Monſieur le Lieutenant Civil & Monſieur le Procureur du Roy.

VEU par Nous Dreux Daubray, Conſeiller du Roi en ſes Conſeils, & Lieutenant Civil en la Prevôté & Vicomté de Paris, & Armand-Jean de Riantz auſſi Conſeiller du Roi en ſes Conſeils, & ſon Procureur au Châtelet, les nouveaux Statuts cy-deſſus dreſſés pour la Communauté des anciens Bacheliers, Maîtres Savetiers de la Ville & Fauxbourgs de Paris, contenant quarante-ſept Articles, les anciens Statuts de ladite Communauté, nos Sentences & autres pieces y énoncées.

Notre Avis eſt, ſous le bon plaiſir du Roi, que Sa Majeſté peut accorder auſdits Maîtres Savetiers leſdits nouveaux Statuts. Fait ce vingtiéme Janvier mil ſix cens cinquante-neuf; ainſi ſigné,

DAUBRAY, & DE RIANTZ.

Et au deſſous eſt écrit : *Regiſtré, oui & ce conſentant le Procureur General du Roi, pour être executé & jouir par les Impétrans de l'effet & contenu en iceux, ſelon leur forme & teneur. A Paris en Parlement, le vingt Mars* 1659. Signé DU TILLET.

DECLARATION DU ROY,

Du mois de Mars 1659.

Qui ordonne que les Statuts précedens de la Communauté des Maîtres Savetiers, seront executés suivant leur forme & teneur.

LOUIS par la grace de Dieu, Roi de France & de Navarre: A tous presens & à venir, SALUT. Nos chers & bien amez les Jurez, anciens Bacheliers, Prud'hommes & Maîtres de la Communauté des Savetiers de notre bonne Ville de Paris, Fauxbourgs, Banlieue, Prevôté & Vicomté de Paris, Nous ont très-humblement fait remontrer, que comme la fidelité presentement pratiquée en leur Art, les a rendus autant necessaires qu'ils causent de profit en tous les quartiers de notredite Ville, & qu'ils n'ont de plus grande inclination que celle dans la misere où les malheurs des tems les pourroient réduire, de nous secourir en la plus pressante occasion des affaires de notre Etat: ce qu'ils ont généreusement fait le dernier Mai mil six cens cinquante-huit, par le payement de la somme de trois mille livres en notre Epargne, pour jouir à leur égard de la suppression de toutes Lettres, en execution de notre Declaration du vingtiéme Août mil six cens cinquante-sept, registrée en notre Parlement de Paris le quatriéme Septembre ensuivant, ainsi qu'ils ont fait dresser des nouveaux Statuts sur les anciens que les feus Rois Charles VII. au mois de Janvier mil quatre cens quarante-trois, Louis XI. au mois de Juin mil quatre cens soixante-sept, François I. au mois d'Octobre mil cinq cens seize, Charles IX. au mois de Janvier mil cinq cens soixante-six, & Henry IV. de glorieuse mémoire notre ayeul, au mois de Juillet mil cinq cens quatre-vingt-dix-huit leur ont accordés, afin qu'il y ait plus de sureté en la manufacture de leurs ouvrages, dans le débit d'iceux, & en ce qui concerne la commodité de tous nos peuples, particulierement de ceux dont la condition les met au rang des médiocres : si bien que pour avantageusement en jouir ils Nous ont requis nos Lettres à ce necessaire. A CES CAUSES, après avoir renvoyé par Arrêt de notre Conseil du sept dudit mois de Mai mil six cens cinquante-huit, à notre Prevôt de Paris, ou son Lieutenant Civil, & à notre Procureur au Châtelet dudit lieu lesdits nouveaux Statuts, afin qu'ils nous donnassent leur avis sur le contenu en iceux, & qu'ils nous ont fait connoître que tout étoit conforme à nos Reglemens, le vingt Janvier dernier. De l'avis de notredit Conseil, qui a vû lesdits anciens Statuts, les nouveaux dressés sur iceux, les pieces justificatives de tous les articles cy-declarés au nombre de quarante-sept, lesdits Arrêts de notre Conseil portant renvoi à notre Prevôt de Paris ou son Lieutenant Civil, & notre Procureur du Roi audit Châtelet, du sept Mai 1658. Quittance du Tresorier de notredite Epargne du dernier dudit mois, de la somme de trois mille livres payée par les exposans, pour jouir de dispense de recevoir dorénavant aucuns Maîtres parmi eux sur les Lettres qui avoient coûtume de s'accorder en considération des avénemens des Rois à la Couronne, majorité, mariage, entrées dans les Villes, naissances de Dauphins, Enfans de France, & premier Prince du Sang : comme aussi pour le Couronnement, Entrées & Regence des Reines, & de tous généralement quelconques, pour quelques causes & occasion que ce soit, & l'avis desdits Lieutenant Civil, & de notre Procureur audit Châtelet, pour lesdits nouveaux Statuts du vingt Janvier dernier, le tout cy-attaché sous le contre-scel de notre Chancellerie, de notre grace speciale, pleine puissance & autorité Royale. Nous, par ces presentes signées de notre main, avons dit, statué & ordonné, disons, statuons, voulons & nous plaît, que lesdits Statuts soient dorénavant executés selon leur forme & teneur. Si donnons en mandement à nos amez & féaux Conseillers les Gens tenans notre Cour de Parlement à Paris, Prevôt dudit lieu ou son Lieutenant, & autres nos Officiers qu'il appartiendra, que cesdites Presentes ils fassent lire, publier & registrer, & icelles observer & garder de point en point selon leur forme & teneur, & lesdits exposans jouir & user pleinement & paisiblement desdits Statuts à toujours & perpétuellement, contraignant de ce faire, souffrir & obéir à tous ceux qu'il appartiendra, CAR tel est notre plaisir. Et afin que ce soit chose ferme & stable à toujours, Nous avons fait mettre notre scel à cesdites Presentes, sauf en autre chose notre droit & l'autrui. DONNE' à Paris au mois de Mars l'an de grace mil six cens quarante-neuf, & de notre regne le sixiéme. Signé, LOUIS.

Et

Et sur le reply, par le Roy. *Visa* DE GUENEGAUD. Et scellé du grand Sceau de cire verte, en lacs de soye rouge & verte. *Et à côté est écrit:*

Registré, oui ce consentant le Procureur General du Roy, pour être executées, & jouir par les impétrans de l'effet & contenu en icelle selon leur forme & teneur. A Paris en Parlement le vingtiéme Mars mil six cens cinquante-neuf. Ainsi signé, DU TILLET, *pour servir anx Lettres de continuation des Statuts des Savetiers.*

EXTRAIT DES REGISTRES *de Parlement.*

VEU par la Cour les Lettres presentées au Roi, données à Paris au mois de Mars, signé LOUIS, *& sur le repli*, par le Roi, DE GUENEGAUD, & scellées sur lacs de soye du grand sceau de cire verte, obtenues par les Jurez, anciens Bacheliers & Prud'hommes des Maîtres de la Communauté des Savetiers de la Ville, Fauxbourgs, Banlieue, Prevôté & Vicomté de Paris, par lesquelles, & pour les causes y contenues, ledit Seigneur Roi auroit dit, statué & ordonné, veut & lui plaît, que lesdits Statuts par eux nouvellement dressés sur les anciens, concernant ledit métier de Savetier, soient dorénavant executés selon leur forme & teneur, en considération de la taxe par eux payée en son Epargne, pour la dispense de recevoir dorénavant aucuns Maîtres parmi eux sur les Lettres qu'ils avoient accoûtumé accorder lors des avénemens des Rois à la Couronne, majorité & autres sujets, ainsi qu'il est plus au long porté par lesdites Lettres à la Cour adressantes. Vû aussi lesdits anciens Statuts confirmés par Lettres Patentes des mois de Janvier 1443, Juin 1467, Octobre 1516, Janvier 1566, Juillet 1598. des Rois Charles VII. Louis XI. François I. Charles IX. & Henry IV, la quittance du Tresorier de l'Epargne de la somme de trois mille livres, pour jouir à l'égard de la Communauté, de la suppression des Lettres de Maîtrise; Arrêt du 7 May dernier pour renvoi desdits nouveaux Statuts au Lieutenant Civil, & au Substitut du Procureur General du Roi au Châtelet, pour donner leur avis sur iceux en conséquence: lesdits avis étant au bas desdits Statuts, portant que le Seigneur Roi les peut accorder ausdits Maîtres Savetiers, & autres pieces attachées sous le contrescel. Requête presentée à la Cour par lesdits Jurez, anciens Bacheliers, Prud'hommes & Maîtres de ladite Communauté des Savetiers de Paris, signée Germignon, Procureur, à fin d'enregistrement desdites Lettres & Statuts: Conclusions du Procureur General du Roi. Oui le rapport de Maître Michel Ferrand, Conseiller en la Cour, & tout consideré: LA COUR a ordonné & ordonne que lesdites Lettres & Statuts seront registrés au Greffe d'icelle, pour être executés, & en jouir par les impétrans de l'effet & contenu en iceux selon leur forme & teneur. Fait en Parlement le vingtiéme Mars mil six cens cinquante-neuf. Signé par collation. DUTILLET.

Collationné aux Originaux en parchemin, ce fait rendus par les Conseillers, Notaires, Garde-notes du Roi au Châtelet de Paris, soussignés.

SENTENCE DE POLICE

Du huit Août mil ſept cens vingt-un.

QUI conformément aux Arrêts de Reglement du Parlement des 11 Avril 1562, & 29 Août 1676, permet aux Maîtres Savetiers de faire des Bottes, Bottines, Souliers, Pantoufles, en y mettant un tiers membre de cuir neuf, & qui défend aux Maîtres Cordonniers de faire aucune ſaiſie ſur les Maîtres Savetiers, que lorſque les ouvrages qu'ils voudront ſaiſir ſeront entierement parfaits.

A Tous ceux qui ces preſentes Lettres verront: Guillaume-François Joly, Chevalier, Seigneur de Fleury & autres lieux, Conſeiller du Roi en ſes Conſeils d'Etat & Privé, ſon Procureur General au Parlement de Paris, & Garde de ladite Ville, le Siege vacant, SALUT. Sçavoir faiſons que ſur la Requête faite en jugement devant nous à l'Audience de la Chambre de Police du Châtelet de Paris par Maître Nicolas Hubert le jeune, Procureur de Nicolas Hubert, Maître Savetier à Paris, Demandeur en execution de notre Sentence du 28 Fevrier dernier, Défendeur à la Requête verbale d'oppoſition ſignifiée le 12 Mars auſſi dernier, avec dépens; contre Maître Fouquet, Procureur des petits Jurez en charge de la Communauté des Maîtres Cordonniers à Paris, Défendeurs à la Sentence ſuſdatée: Parties ouïes, NOUS, après avoir déliberé ſur les doſſiers & pieces des Parties, ſans avoir égard à l'oppoſition des Parties de Fouquet dont nous les avons déboutées, ordonnons que notre Sentence du 28 Fevrier dernier sera executée avec dépens : ce qui sera executé sans préjudice de l'appel. En témoin de quoi nous avons fait sceller ces Presentes, qui furent faites & données par Messire Gabriel Taschereau, Chevalier, Seigneur de Baudry, Conseiller du Roi en ses Conseils, Lieutenant General de Police au Châtelet de Paris, y tenant le Siege le Vendredi huit Août mil sept cens vingt-un. *Signé*, CUIRET. Et scellé le dix-huit dudit mois. *Signé*, DE CHAMBAUT.

SENTENCE DE POLICE

Du 12 Juillet 1726.

QUI declare nulle la saisie faite par les petits Jurez Cordonniers d'une paire de Souliers neufs, & les condamne à cinq livres de dommages interêts, & aux dépens.

A Tous ceux qui ces presentes Lettres verront : Gabriel-Jerôme de Bullion, Chevalier Comte d'Esclimont, Mestre de Camp du Regiment de Provence Infanterie, Conseiller du Roi en ses Conseils, Prevôt de la Ville, Prevôté & Vicomté de Paris : SALUT. Sçavoir faisons que sur la Requête faite en Jugement devant nous à l'Audience de la Chambre de Police du Châtelet de Paris, par Maître Pierre-Hubert le Moine, Procureur de Clement Prieur, Maître Savetier à Paris, Demandeur en execution de notre Sentence du 17 Mai dernier, qui confirme l'avis du Procureur du Roi du 13 Novembre 1725,

&condamne les cy-après nommés en cent livres de dommages interêts, trente livres d'amende & aux dépens, Défendeur, & à la requête verbale d'opposition du 22 Juin dernier, assisté de Maître Duret son Avocat; contre Maître Prudent Bruley l'aîné, Procureur des Jurez en charge de la Communauté des Maîtres Cordonniers à Paris, Défendeurs & opposans à notre Sentence, suivant ladite Requête verbale susdatée, assistez de Maître Froüard leur Avocat. Parties ouïes, NOUS déboutons les Parties de Froüard de leur opposition; en conséquence, ordonnons que notre Sentence sera executée selon sa forme & teneur avec dépens; & en ce qui touche les dommages interêts prononcés contre la Partie de Froüard, les avons réduits à cinq livres, & la déchargeons en outre de l'amende; ce qui sera executé nonobstant & sans préjudice de l'appel, & soit signifié. En témoin de ce nous avons fait sceller ces Presentes, qui furent faites & jugées par nous René Herault, Lieutenant General de Police au Châtelet, y tenant le Siege le Vendredi douze Juillet mil sept cens vingt-six. Collationné. *Signé*, TARDIVEAU.

ARREST DE LA COUR DE PARLEMENT,

Rendu en faveur des Maîtres Savetiers, concernant les Bottes ou Souliers crottés.

Du mois de Novembre 1635.

ENTRE Guillaume du Poncet, Maître Savetier à Paris, Appellant d'une Sentence donnée par le Prévôt de Paris ou ſon Lieutenant Civil, le 11 Juillet 1634. confirmative de l'avis du Subſtitut du Procureur Géneral du Roi au Châtelet, du 31 Mai audit an, & de l'exécutoire de dépens décerné, & faite le 13 Fevrier 1635. & de tout ce qui en eſt ſuivi, d'une part; & les Maîtres Jurez Cordonniers de cette Ville de Paris Intimés, d'autre; Et encore entre Michel Paille, Louis Allard, Touſſaint Girard, Claude de Lye, Jurez de la Communauté des Maîtres Savetiers de la Ville de Paris, Appellans, tant comme de Juges incompetens qu'autrement, des Jugemens & Sentences données par le Prevôt de Paris ou ſon Lieutenant Civil, les 16 Avril 1633. 7 & 11 Juillet 1634. confirmatives de l'Avis du Subſtitut du Procureur Géneral au Châtelet, du dernier Mai précédent, & de tout ce qui s'en eſt ſuivi d'une part; & les Jurez Cordonniers de la viſitation Royale de cette Ville de Paris, Intimés, d'autre: Vû par la Cour ladite Sentence du 11 Juillet dont eſt appel, par laquelle l'Avis du Subſtitut du Procureur Géneral du Roi au Châtelet de Paris, du 31 Mai précédent, auroit été confirmé; ce faiſant, donner lettres aux Parties de la déclaration dudit Duponcet portée par ledit Avis, & main-levée pure & ſimple à lui faite, de la paire de bottes ſur lui ſaiſie, laquelle lui ſera rendue, & ordonne conformément audit Avis, que quand ledit Duponcet & autres Maîtres dudit métier acheteront des bottes apparament neuves, ils ſeroient tenus d'avoir regiſtre, d'y écrire le nom de ceux de qui ils les auront achetées; & outre en conſéquence de ladite Sentence ſuſdite de Réglement du 16 Avril 1633.

dont auroit été ordonné audit Duponcet & à tous autres Maîtres Savetiers de tenir registre des bottes qu'ils acheteront, à peine de quarante-huit livres parisis d'amende, & de plus grande peine s'il y échet, & ledit Duponcet condamné aux dépens, faits tant pardevant le Substitut du Procureur General du Roi, que de ladite Sentence ; & que ladite Sentence seroit exécutée nonobstant oppositions ou appellations quelconques, sans préjudice d'icelles ; lesdites Sentences du 13 Fevrier dont est aussi appel. Arrêt du 20 Avril dernier, par lequel sur ledit appel les Parties auroient appointé & reçu à fournir à causes d'appel, forclusions d'y fournir & répondre, productions des Parties ; lesdites Sentences dont est aussi appel des 11 Avril & 7 Juillet, par la premiere partie : oüi, lecture faite, *de l'avis du Substitut du Procureur General du Roi audit Châtelet, du 16 Avril 1633, par laquelle, après que François Boucher, Maître Savetier auroit reconnu avoir fait neuves les bottes sur lui saisies, & icelles crottées, fors la paire de bottes de vache blanche qu'elle n'étoit crottée, Lettres auroient été données ausdits Jurez Cordonniers de ladite reconnoissance ; & en conséquence d'icelle, main-levée faite audit Boucher des sept paires de bottes crottées, & que celle qui n'est crottée & qui est neuve demeureroit confisquée, ensemble la garniture d'éperons, & ledit Boucher condamné en six livres parisis d'amende envers les Jurez Cordonniers*, avec défense à tous Maîtres Savetiers d'entreprendre sur le métier des Cordonniers, ni faire aucuns ouvrages neufs, soit bottes ou souliers, ou autres, suivant les Arrêts de Reglement, à peine de confiscation & de quarante-huit livres parisis d'amende, & que les Savetiers ſeront tenus de tenir Regiſtre des bottes qu'ils acheteront de la qualité de celles qui ſont ſaiſies, ou apporteront Certificat de ceux de qui ils les auront achetées, lorſqu'ils en ſeront requis par les Jurez Cordonniers, pour éviter aux abus deſdits Savetiers, auroit été ordonné que la paire de bottes neuves & la garniture d'éperons auſſi neufs d'une paire de bottes, demeureront confiſqués, *ſeront mis dans le coffre-fort des Cordonniers, & main-levée faite audit Boucher des autres paires de bottes crottées, & icelles reconnues pour être vendues en la preſence des Jurez Cordonniers.* Au ſurplus, l'avis dudit Subſtitut du Procureur General confirmé de point en point ſelon ſa forme & teneur, & ledit Boucher condamné aux dépens par la derniere du 7 Juillet, à faute d'avoir par ledit Duponcet tenu Regiſtre, ſuivant la précedente Sentence de Reglement du 16 Avril 1633, & juſtifié l'achat par lui prétendu fait, de la paire de bottes ſur lui ſaiſie, y mentionnée en l'avis dudit Subſtitut, du 31 Mai; ladite paire de bottes auroit été confiſquée, enjoint audit Duponcet & à tous autres Maîtres Savetiers d'executer & de ne contrevenir à ladite Sentence de Reglement, à peine de confiſcation des marchandiſes qui ſeroient ſur eux ſaiſies en cas de contravention, & de quarante-huit livres pariſis d'amende. Arrêt du 16 Juin 1635, par lequel, ſur l'appel deſdites Sentences, & de celle du 11 Juillet, les Parties auroient été appointées; auroient à fournir de cauſes d'appel, réponſes à produire pardevers ladite Cour, & étoient Requêtes reſpectivement employées pour cauſes d'appel, réponſes & productions des Parties; Requête preſentée

tée par lesdits Jurez Cordonniers le 1 Août 1635, à ce qu'acte leur soit donné de ce qu'ils declaroient demander seulement aux Savetiers de la rue de la Savaterie, qu'ils tiennent Registre des bottes qu'ils acheteront apparemment neuves, & des noms, surnoms & demeures de qui ils les auront achetées ou changées; sur laquelle auroit été ordonné qu'en jugeant, la Cour feroit ce qu'il appartiendroit; production nouvelle desdits Jurez Cordonniers; Requête du 6 Août employée par lesdits Maîtres Jurez Savetiers, & réponses pour contredits contre icelle; Conclusions du Procureur General du Roi, tout consideré: Dit a été, que LADITE COUR, sans s'arrêter à ladite Requête du 1 Août, a mis & met lesdites appellations & Sentences dont a été appel au néant, sans amende; & émandant, ordonne que les Arrêts de Reglement *cy-devant donnés entre les Parties seroient gardés & observés; a fait & fait main-levée audit Duponcet de la paire de bottes dont est question, sur lui saisie, ordonne qu'elle lui sera rendue & restituée, ensemble la somme d'onze livres seize sols six deniers* par lui consignée ès mains de Trinquar Sergent le 27 Fevrier 1635, pour les dépens adjugés par la Sentence du 11 Juillet, taxés par ledit exécutoire du 13 Fevrier dernier; à ce faire le Gardien desdites bottes & ledit Trinquar contraint par emprisonnement de leurs personnes comme dépositaires de biens de Justice: ce faisant, en demeureront bien & valablement déchargés, néanmoins sans dépens. Le Novembre mil sept cens trente-cinq.

EXTRAIT DES REGISTRES de Parlement.

Du 19 Août 1676.

ENTRE la Communauté des Maîtres Savetiers de cette Ville de Paris, prenant le fait & cause de Gabriel Facquet, aussi Maître Savetier à Paris; ledit Facquet Appellant des Avis & Sentences rendues au Châtelet de Paris par le Juge de Police, les 7 & 17 Avril 1674. ensemble de la taxe des dépens du 22 Août ensuivant, permission de faire ouverture des portes, & de l'exécution faite sur ledit Facquet en vertu desdites Sentences & exécutoires à la Communauté des Maîtres Savetiers, Demandeurs en Requête par eux présentée à la Cour le 19 Mars 1675. tendante à ce qu'en déboutant les Intimez, Défendeurs ci-après de l'opposition à l'exécution de l'Arrêt de défense du 16 Octobre 1674. ordonné que les Arrêts & Reglemens de la Cour seront exécutés, & suivant iceux, défense de faire aucune visitation sur le corps de Métier desdits Savetiers que par les Petits-Jurez, *autre par la visitation Royale des Jurez de la Commuauté des Maîtres Cordonniers de cette Ville de Paris, à peine de tous dépens, dommages & interêts, & de cinq ceus livres d'amende*, & les Cordonniers aux dépens, & Défendeurs d'une part; & les Jurez-Conservateurs de la Communauté des Maîtres Cordonniers de cette Ville de Paris, Intimez, en Requête Défendeurs & Demandeurs, par eux présentée à la Cour le 29 Decembre 1674. tendante à ce qu'il plût à la Cour les recevoir en opposition à l'exécution de l'Arrêt du 16 Octobre 1674; faisant droit sur leur opposition, leur surséance portée par lesdits Arrêts de condamnation d'une part. Après que Sassin Avocat desdits Savetiers, & de Pommart Avocat desdits Cordonniers, ont été ouis, ensemble Talon pour le Procureur Général du Roi, LA COUR ordonne que l'appointement sera reçu; ce faisant, a mis & met l'appellation & ce dont il a été appellé au néant, émandant a déchargé l'Appellant des condamnations portées par les Sentences des 7 & 17 Avril 1674. ordonne que les Arrêts & Réglemens intervenus entre les Parties seront exécutés; fait défenses d'y contrevenir, & aux Cordonniers de faire aucune saisie sur les Savetiers que lorsque les ouvrages qu'ils voudront saisir seront entierement parfaits; & avant faire droit sur la demande des Savetiers à ce que les Petits-Jurez Cordonniers ne puissent exercer comme visiter sur eux, mais seulement les Jurez de la Visitation Royale; ordonne que les Petits-Jurez rapporteront dans le lendemain de la S. Martin les Lettres Patentes, Arrêts & Reglemens de Police contenant leur Reglement, le tout pour communiqué au Procureur General du Roi, être fait droit sur ladite demande ainsi qu'il appartiendra, dépens tant des causes principales que d'appel compensez, ceux de l'incident interloqué réservé. Fait en Parlement le dix-neuviéme Août mil six cens soixante & seize. *Par collation*, JAQUES, *avec paraphe. Et au bas est écrit*, Collationné à l'original en parchemin. Et est rendu par Nous Conseillers du Roi, Notaires Gardenotes de Sa Majesté au Châtelet de Paris soussignés, cejourd'hui deuxiéme Septembre mil six cens soixante-seize. *Signé*, FILLOQUE *&* DEVIN. *Et ensuite est encore écrit :* Collationné sur une autre copie. Collationné à l'instant rendu, par les Conseillers du Roi, Notaires au Châtelet de Paris soussignés, ce jourd'hui onze Decembre mil six cens soixante & seize. *Signé*, ET. MOUFLE. *Et au bas est encore écrit.* Collationné, &c.

EXTRAIT DES REGISTRES de Parlement.

Du 21 Août 1677.

ENTRE la Communauté des Jurez Savetiers de cette Ville de Paris, Demandeurs en Requête du 19 Mars 1675, & en execution d'Arrêt du 19 Août 1676, par lequel entr'autres choses il auroit été ordonné qu'avant faire droit sur la demande desdits Savetiers, à ce que les petits Jurez Cordonniers ne puissent exercer aucune visite sur eux, mais seulement les Jurez de la Visitation Royale; que les petits Jurez rapporteroient dans le lendemain de la Saint Martin les Lettres Patentes, Arrêts & Reglemens de Police, contenant leurs Reglemens, pour, le tout communiqué au Procureur General, être fait droit sur ladite demande ainsi qu'il appartiendroit, dépens tant des causes principales que d'appel compensés, & ceux de l'incident interloqué réservés; encore Demandeurs en Requête du 19 Mai 1677, à ce que faute d'avoir satisfait par les Jurez Cordonniers & petits Jurez audit Arrêt, & suivant icelui, rapporté les Lettres Patentes, Arrêts & Reglemens de Police, pour montrer qu'ils ont droit de visite sur les

Savetiers, leur adjuger leurs demandes & conclusions, & faire défenses aux petits Jurez de faire aucune visite sur eux, autrement que par la Visitation Royale desdits Maîtres Jurez Cordonniers, à peine de mille livres d'amende, dommages, interêts & dépens; & pour les entreprises faites, les condamner en telle amende qu'il plaira à la Cour arbitrer, & en tous les dépens, dommages & interêts soufferts par les Demandeurs, & aux dépens de l'Instance, sauf audit Procureur General de prendre telles conclusions qu'il avisera pour l'interêt public d'une part, & les Jurez Grands Conservateurs de la Visitation Royale de la Communauté des Maîtres Cordonniers de cette Ville de Paris, & ladite Communauté, Défendeurs & Demandeurs en Requête par eux presentée à la Cour le 13 Juillet 1677, à ce qu'en conséquence de l'Acte d'assemblée de la Communauté des Maîtres Cordonniers de cette Ville de Paris, faite par autorité de Justice du 24 Mai dernier, acte fût donné aux Demandeurs de ce que lesdits Jurez de la Visitation Royale se sont désistés & ont cedé & abandonné entierement aux petits Jurez Cordonniers, la visite que la Communauté des Maîtres Cordonniers a droit de faire sur lesdits Savetiers, pour empêcher l'entreprise qu'ils font journellement sur le Métier des Cordonniers, & la contravention aux Arrêts & Reglemens de la Cour rendus entre les deux Communautez; ce faisant, qu'il plût à la Cour ordonner que les petits Jurez de la Communauté desdits Maîtres Cordonniers pourront faire visite sur lesdits Savetiers, tout ainsi que l'auroient pû faire les Jurez de la Visitation Royale,

& la Communauté des Maîtres Cordonniers, pour la contestation formée au contraire par la Communauté des Maîtres Savetiers, les condamner aux dépens d'autre : Et lesdits Jurez Savetiers Défendeurs d'autre. Après que Saffin pour la Communauté des Savetiers, & de Pommart pour la Communauté desdits Cordonniers ont été oüis, & sont demeurés d'accord de l'appointement résolu au Parquet des Gens du Roi, & paraphé de Talon, pour le Procureur General du Roi. LA COUR ordonne que l'appointement sera reçu ; & en conséquence, faisant droit sur les Requêtes respectivement, ordonne qu'aux visites que les Cordonniers feront sur les Savetiers, il y assistera toujours un des Jurez de la Visitation Royale, lequel se pourra faire accompagner des deux petits Jurez Cordonniers seulement ; & en cas que le nombre des Jurez de la Visitation Royale ne soit presentement suffisant pour satisfaire, tant ausdites visites qu'aux autres qu'ils sont obligés de faire sur les personnes de leur Communauté, se retireront pardevers le Lieutenant de Police, pour être pourvû sur l'augmentation du nombre des Jurez de la Visitation Royale, ainsi qu'il verra être à faire par raison, & feront au surplus lesdites visites faites en la forme ordinaire, dépens compensés. Fait en Parlement le vingt-uniéme Août mil six cens soixante-dix-sept. *Collationné & signé*, JACQUES.

EXTRAIT DES REGISTRES DU GREFFE *de la Chambre de M. le Procureur du Roi.*

Du 28 Fevrier 1679.

ENTRE les Jurez de la Viſitation Royale des Maîtres Cordonniers-Corroyeurs de cette Ville & Fauxbourgs de Paris, ſaiſiſſans ſur les Défendeurs cy-après nommés; ſçavoir, ſur Paul de Ligny, trois paires de Souliers qu'ils prétendent être neufs; ſur Sebaſtien Belache, vingt paires de Souliers qu'ils prétendent être pareillement neufs; ſur Pantaleon Allin, ſix paires de Souliers & deux paires de Pantoufles; ſur Michel Godailliez, deux paires de Souliers & une paire de Pantoufles; ſur Jean Remy, ſix paires de Souliers & deux paires de Pantoufles; ſur Euſtache Savary, deux paires de Pantoufles; ſur Nicolas Bureau, cinq paires de Souliers de differentes ſortes, & une paire de Pantoufles; ſur Philippe Pouſſin, trois paires & demie de Souliers, & deux paires de Pantoufles; ſur Louis Vilain, huit paires de Souliers tant à homme qu'à femme; & Demandeurs ſuivant le procès verbal du Commiſſaire Baudouin, & exploits faits par Granet Sergent à Verge au Châtelet de Paris, les 22 Juin, 14 & 15 Juillet 1678. Controlez à Paris, par leſdits jour & an; à ce que leſdites ſaiſies fuſſent declarées bonnes & valables avec amende & dépens, d'une part: Et Pantaleou Allin, Jean Remy, Sebaſtien Belache, Paul de Ligny, Michel Godailliez; Philippe Pouſſin, Louis Vilain, Euſtache Savary, & Nicolas Bureau, tous Maîtres Savetiers de Paris, Défendeurs à la ſaiſie deſdits jours 22 Juin, 14 & 15 Juillet 1678. les rapports de viſite des choſes ſaiſies faits en exécution de nos Jugemens, par les Experts convenus par les Parties, & par Brean Maître Sellier, tiers nommé d'office, les 7, 8, 9, 13 & 21 Juillet, 3 Septembre 1678. les autres piéces des Parties miſes en nos mains, ſuivant le Jugement contradictoire du 9 Novembre 1678. Et après avoir oui leſdites Parties, nous avons fait main-levée aux Défendeurs des choſes ſur eux ſaiſies, & dont eſt queſtion à la reſtitution deſquelles seront leſdits Gardiens & Dépoſitaires contraints par toute voye dûes & raiſonnables, même par corps; ce faiſant déchargés, & condamné les Demandeurs aux dépens pour tous dommages & interêts. Fait & donné par Nous CLAUDE ROBERT, Conſeiller du Roi en ſes Conſeils, ſon Procureur au Châtelet de Paris, premier Juge Conſervateur des Corps des Marchands, Arts & Métiers, Maîtriſes & Jurandes de la Ville & Fauxbourgs de Paris, les jour & an que deſſus.

Signé, SOUBRAS, *avec paraphe.*

Signifié à Pigeon à domicile le 22 Mars 1679. par L'HERMITTE.

A TOUS ceux qui ces preſentes Lettres verront, Achilles de Harlay, Chevalier, Conſeiller du Roi en ſes Conſeils, ſon Procureur General en ſa Cour de Parlement, & Garde de la Prevôté & Vicomté de Paris, le Siege vacant, SALUT. Sçavoir faiſons, que ſur la Requête faite en Jugement devant Nous en la Chambre de Police du nouveau Châtelet de Paris, par Me Nicolas Aulmont, Procureur

cureur de Pantaleon Allin, Jean Remy, Sebaſtien Belache, Paul de Ligny, Michel Godailliez, Philippes Pouſſin, Louis Vilain, Nicolas Bureau & Euſtache Savary, tous Maîtres Savetiers à Paris, & Défendeurs au principal aux ſaiſies ſur eux faites, & aſſignation à eux donnée; & Demandeurs ſuivant la Requête verbale ſignifiée le 22 Mars dernier, en confirmation de l'avis contradictoirement rendu le vingt-huitiéme jour de Fevrier dernier par le Procureur du Roi en cette Cour, contre Me Antoine Pigeon Procureur des Jurez de la Viſitation Royale des Maîtres Cordonniers Corroyeurs de cette Ville & Fauxbourgs de Paris, ſaiſiſſans les Demandeurs ſuivant les Exploits de ſaiſie des 22 Juin, 14 & 15 Juillet 1678, faits par Granet & Guinois Sergens à Verge, par leſquels ils auroient ſaiſi ſur ledit Allin ſix paires de Souliers & deux paires de Pantoufles; ſur ledit Remy, ſix paires de Souliers & deux paires de Pantoufles; ſur ledit Belache, vingt-deux paires de Souliers; ſur ledit de Ligny, trois paires de Souliers & une paire de Pantoufles; ſur ledit Godailliez, deux paires de Souliers & une paire de Pantoufles; ſur ledit Pouſſin, trois paires & demie de Souliers & deux paires de Pantoufles; ſur Louis Vilain, huit paires de Souliers; ſur ledit Bureau, cinq paires de Souliers & une paire de Pantoufles; & ſur ledit Savary, deux paires de Pantoufles, le tout prétendu être neuf, ayant été malicieuſement crottés, & Défendeurs auſdits Renvoy & Requête verbale ſuſdatés. Vû les Statuts & Reglemens dudit Métier, leſdits Exploits de ſaiſie ſuſdatés. Vû les rapports de viſitation faite des choſes ſaiſies par Iſaac de Lestamp, Pierre Deslandre, Jacques Martin, & Louis Vilain, Maîtres & anciens Savetiers; Jacques Trumeau & Guillaume Mouzard, Maîtres Cordonniers, Experts nommés par les Parties, & Toussaint Brehan Maître Sellier à Paris, Expert nommé d'office; l'Avis rendu par le Procureur du Roi, susdaté; ladite Requête verbale, notre Jugement du 6 Juin dernier, portant que les pieces des Parties seront mises sur le Bureau, & autres pieces des Parties, Nous avons confirmé & confirmons l'Avis rendu par le Procureur du Roi le 28 Fevrier dernier; ce faisant, conformément à icelui, faisons main-levée ausdits Défendeurs en saisies des choses sur eux saisies, & ce dont est question, à la représentation & restitution desquelles seront les Gardiens & Dépositaires contraints par corps, ce faisant déchargé. Condamnons lesdits Jurez aux dépens pour tous dommages & interêts; & avons enjoint aux Parties respectivement d'observer les Reglemens. Et sera notre presente Sentence executée nonobstant oppositions ou appellations quelconques faites ou à faire, pourquoi ne sera differé, & sans y préjudicier. En témoin de ce Nous avons fait sceller ces Presentes, qui furent faites & données au nouveau Châtelet de Paris par Messire Michel Ferrant, Conseiller du Roi en ses Conseils, & Lieutenant Particulier, tenant le Siege le Mardy dix-huit Juillet mil six cens soixante-dix-neuf. *Signé par collation*, GODEFROY, *Greffier*.

Signé, TRUCHOT.

Scellé le 21 Juillet 1679 par LE HOUX, avec paraphe.

SENTENCE DE POLICE

Rendue entre les Petits Jurez Cordonniers, au profit de Gervais Cochegrue, Maître Savetier.

Du 19 Juillet 1697.

A Tous ceux qui ces présentes Lettres verront: Charles-Denis de Bullion, Chevalier, Marquis de Gallardon, Seigneur de Bonnelles & autres lieux, Conseiller du Roy en ses Conseils, Prevôt de Paris; SALUT. Sçavoir faisons, que sur la Requête faite en Jugement devant Nous en la Chambre de Police du Châtelet de Paris, par Me Roch Hubert, Procureur de Gervais Cochegrue, Maître Savetier à Paris, Défendeur à l'Exploit de saisie sur lui faite le 25 Avril dernier, & Demandeur en exécution de nos Sentences des 4 May & 28 Juin dernier; & encore aux fins de la Requête verbale signifiée le 15 du présent mois par Desous-le-Montier, tendante à ce que le Rapport de Visite fait par Charles Poupet, Maître Sellier & ancien Juré de ladite Communauté, & Expert tiers par Nous nommé d'office, attendu la contrarieté des deux rapports ci-devant faits, soit entheriné selon sa forme & teneur; ce faisant, que la saisie faite le 25 Avril dernier, à la requête des Défendeurs, des Souliers & Mulles en question, sera déclarée nulle, injurieuse, tortionnaire & déraisonnable, dont main-levée lui sera faite, & lesdits Souliers & Mulles à lui rendus & restitués avec dommages & interêts résultans de la violence, scandale & enlevement qu'ils ont fait des Souliers & Mulles, pour lesquels ledit Demandeur se restraint à la somme de cent livres, & que défenses soit faites ausdits Défendeurs de faire pareilles saisies, assisté de Maître Porchon son Avocat, contre Maître Pierre Jouvelin le jeune, Procureur des petits Jurez Cordonniers, Demandeurs aux fins de l'Exploit de Saisie, & Défendeurs à l'exécution desdites deux Sentences & Requêtes verbales sus-datées, assisté de Maître Pillon leur Avocat; Parties ouies en leurs plaidoyers, lecture faite de l'Arrêt du 11 Août 1685 de nos Sentences des dix-huit Juillet 1679, quinze Octobre, cinq Novembre 1683, & six Juillet 1685, qui ont fait main levée de pareilles Saisies; ensemble de la Saisie faite à la Requête desdits Défendeurs sur ledit Demandeur ledit jour 25 Avril dernier de dix paires de Souliers & quatre paires de Mulles à usage de femmes, de la plainte rendue par ledit Demandeur au Commissaire Pallet ledit jour vingt-cinq Avril, du rapport fait par Louis de la Motte Maître Savetier, le 11 Juin dernier, Expert nommé par le Demandeur, par lequel il déclare que les choses saisies sont vieilles; comme aussi du rapport fait par Claude Breton Maître Cordonnier, par lequel il dit que les Souliers & Mulles sont marchandises neuves, & qu'elles auroient été crottées exprès à la main; de notre Sentence dudit jour vingt-huit Juin, par laquelle, attendu la contrarieté des deux rapports, Nous avons nommé Poupet pour tiers Expert, du rapport fait par Poupet le 3 du présent mois de Juillet, par lequel il déclare précisément qu'il a reconnu que lesdits Souliers & Mulles sont vieux, &

autres piéces des Parties, & de la présentation du trois May dernier ; Nous avons le rapport fait par ledit Poupet tiers Expert par Nous nommé d'office, entheriné selon sa forme & teneur ; & en consequence, main-levée à la Partie de Porchon de la saisie des Souliers & Mulles en question sur lui faite à la requête des Parties de Pilon, lesquels lui seront rendus & restitués ; à ce faire le gardien & dépositaire contraint par corps ; ce faisant déchargé ; les Parties de Pilon condamnés en tout les dépens, ce qui sera exécuté nonobstant opposition ou appellation quelconques : en témoin de ce, Nous avons fait sceller ces Présentes, faites & données par Messire-Marc-René de Voyer d'Argenson, Conseiller du Roy en ses Conseils, Lieutenant Général de Police, tenant le Siege le Vendredi dix-neuf Juillet mil six cens quatre-vingt-dix-sept. Collationné. *Signé*, LE GALLOIS. Scellé le vingt-trois Juillet 1697. *Signé* DE LA FERTE'.

Signifié & baillé copie à domicile à Maître Jouvelin le jeune à domicile, le 23 Juillet 1697, par moi Audiencier soussigné. Signé, MORARE.

L'AN mil sept cens trente-six, le Samedi vingt-deuxiéme jour de Septembre, deux heures de relevée, les Conseillers du Roy Notaires au Châtelet de Paris soussignez, à la requisition des Syndics & grands Jurez en Charge de la Communauté des Maîtres Savetiers à Paris, s'étant transportés au Bureau d'icelle Communauté scis rue de la Pelleterie, Paroiſſe ſaint Jacques de la Boucherie, ils ont trouvé ladite Communauté aſſemblée, en conſequence de l'Ordonnance de Monſieur le Procureur du Roy au Châtelet de Paris, du dix-huit du preſent mois, dont l'original eſt demeuré joint à la minute des Préſentes; & qu'à ladite Aſſemblée étoient Louis Soudé Syndic; Gervais le Mair, Blaiſe Marie, Louis de l'Epine, & Louis-Henry Rabat, grands Jurez en Charge; Pierre Roſſignol, Simon Dortu, Jacques Cochais, Charles Elion, François Huchet, & Jean Langlumé, petits Jurez en Charge; André le Vaneur, Claude Girardon, Alexis le Cointe, Nicolas d'Italie, & Jeroſme Meunier, Anciens; Antoine Baulin, Benoît Boudin, Martin Baquoy, Denis Plu, Jean Bourgeois, & Jean-Aubert, Modernes; François Goy, Philippes Montalaud, Sebaſtien Marquault, Pierre Soret, Claude Bautier, René Couſin, Louis Guy, & Louis Flamant, Jeunes; tous Maîtres Savetiers à Paris.

Auſquels a été répreſenté, 1°. Que les petits Jurez n'étant au nombre que de ſix, ils ont refuſé de faire les viſites qui ſe font ordinairement pour la conſervation des droits de la Communauté, alléguant qu'ils ne ſont point en nombre ſuffiſant, & que les frais que cela leur occaſionneroit leur coûteroient conſiderablement; que ces viſites ne ſe faiſant point, quantité de gens travaillent à Paris de la profeſſion de Savetiers, ſans avoir aucune qualité, qu'il y en a même d'aſſez hardis, qu'ils ont ouverts boutique & y travaillent publiquement, que cela fait un tort conſiderable à la Communauté; en ce que d'un côté cela prive les Maîtres d'icelle d'un travail qui n'appartient qu'à eux, & que d'un autre côté, une grande partie de ceux qui travaillent ainsi sans qualité se trouvant saisis & empêchés de faire ladite profession, seroient contraints s'ils vouloient la continuer, de se faire recevoir Maître de la Communauté; que ce mal augmentant tous les jours, si l'on n'y apporte un prompt remede, personne ne voudra plus dorénavant se faire recevoir Maître, & les Maîtres se trouveront privés, comme dit est, d'un travail qui n'appartient qu'à eux seuls, & il se le verront enlever par gens qui n'ont nulle qualité pour le faire; qu'ainsi, pour le bien de la Communauté & de tous les Maîtres, chacun en particulier, il est de la derniere importance de prendre sur ce les arrangemens nécessaires, & de faire exécuter promptement & à la rigueur ce qui aura été arrêté.

2°. Que ledit Lemaire grand Juré & Maître de Confrairie actuellement en Charge, n'ayant presque rien reçû dans sa présente année de Maîtrise de Confrairie, il est hors d'état de payer les deux derniers termes de la présente année du loyer dudit Bureau, montant à quatre-vingt-dix livres, qui n'étant point payés au proprietaire ou principal locataire de la maison dans laquelle est ledit Bureau, saisira & fera vendre les meubles & ornemens qui sont en icelui, & fera des frais, & de voir ce qu'il conviendroit faire pour pourvoir au payement desdits 90 livres.

3°. Que le nommé Lormel ayant été élu petit Juré, il a refusé de lever sa commission & de payer la somme de cent livres, qui a coûtume d'être payée par ceux qui veulent s'exempter de cette Charge; pourquoi la Communauté l'a fait condamner au payement desdits cent livres & aux dépens; qu'en conſequence, la Communauté a fait ſaiſir & exécuter les meubles & marchandiſes dudit Lormel, & s'étoit mis en devoir de les faire enlever pour les faire vendre; mais que le nommé Gabriel Fontaine ſon principal locataire s'étoit oppoſé à l'enlevement deſdits meubles & marchandiſes, & a demandé qu'avant d'y proceder il fut payé des trois termes privilegiez & du courant qui lui étoit dû des lieux que ledit Lormel occupe chez lui, montant à quatre-vingt-dix livres, enſemble des frais par lui faits; que cette demande ſe trouvant conforme à la Juriſprudence du Châtelet, il faut abſolument y ſatiſfaire ſi l'on veut faire vendre les meubles & marchandiſes dudit Lormel; que cependant les meubles dudit Lormel, ainſi que ſeſdites marchandiſes ne monteront vraiſemblablement point auſdits quatre-vingt-dix livres; qu'ainſi en faiſant ladite avance, cela feroit une double perte à ladite Communauté, en ce que d'une part elle ne retireroit pas ce qu'elle auroit avancé, & de l'autre les frais qu'elle ſeroit obligée de faire pour parvenir & faire proceder à ladite vente; que quoique cela ſoit, néanmoins il y a des cas où il eſt bon de faire uſage de la pratique de ſçavoir perdre pour gagner; que c'eſt juſtement dans l'eſpece préſente qu'il faut exécuter cette pratique, parce que ſi l'on ne fait point vendre les meubles & marchandiſes dudit Lormel, qui ne ſe ſouffre faire toutes ces pourſuites que par une mauvaiſe volonté de ſa part, nul de ceux qui à l'avenir ſeront élus pour petits Jurez, ne voudra plus lever ſa commiſſion, ni payer leſdits cent liv. & ſe laiſſera exploiter, perſuadé

ſuadé que quand on aura tout, & qu'il faudra faire vendre les meubles & marchandiſes, on fera intervenir le proprietaire ou principal locataire, & qu'étant beſoin de lui faire les avances néceſſaires, la Communauté ne les fera point; qu'ainſi il eſt donc encore de la derniere importance à la Communauté, ſi elle veut avoir des petits Jurez, ou ſe faire payer deſdits cent livres, de prendre ſur ce les meſures néceſſaires.

4°. Que les Cordonniers, au mépris des Arrêts & Reglemens qui leur défendent expreſſément de travailler en vieux cuirs, le font journellement & publiquement, que cela apporte un tort notable à la Communauté des Maîtres Savetiers & à chaque Maître en particulier qui en ſouffrent tous conſiderablement, que par conſequent il ſeroit encore bon de voir les tempéramens qu'il conviendroit prendre pour les en empêcher.

5°. Que la Communauté a obtenu quantité d'Arrêts, Jugemens & Sentences contre les Cordonniers, qui la maintiennent dans ſes droits & privilege, & annullent diverſes ſaiſies qu'avoient fait les Cordonniers chez aucun des Maîtres de la Communauté des Savetiers; que nonobſtant cela, les Cordonniers empiettent journellement ſur les droits, privileges des Savetiers, & ſaiſiſſent très-fréquemment aucuns deſdits Savetiers, qui devant ſe défendre contre de pareilles vexations, non-ſeulement n'en avertiſſent point la Communauté, mais même dans la crainte de l'événement d'un Procès, laiſſent faire aux Cordonniers tout ce quils veulent; que l'on penſe qu'une pareille tolerance de la part d'aucuns desdits Maîtres Savetiers ne peut venir que de ce qu'ils ignorent leurs droits & privileges, & lesdits Arrêts, Sentences, Jugemens & Reglemens; que comme la Communauté est obligée de supporter en équité chacun de ses membres en particulier, il seroit bon, pour conserver lesdits droits & privileges, de délivrer chacun des Maîtres Savetiers en particulier, de l'acharnement & des vexations des Cordonniers, de faire une recherche exacte des Déclarations du Roi, Arrêts, Jugemens, Sentences & Reglemens qui maintiennent les Savetiers en leurs droits & privileges, & déclarent nulles les saisies qu'avoient faites chez aucuns d'eux les Cordonniers, pour les faire imprimer en un seul cahier en nombre suffisant; & en délivrer des exemplaires aux Maîtres de la Communaté des Savetiers, afin qu'étant instruits, ils conservent leurs droits & se pourvoient contre les vexations des Cordonniers.

Et 6°. qu'aux termes des Reglemens de la Communauté des Savetiers, un Syndic ne doit gérer le Syndicat que pendant une année; que cependant, au préjudice desdits Reglemens, souvent par les intrigues d'aucuns Maîtres & par des vûes qu'on ne sçauroit trop réprimer, la plûpart des Syndics sont continués deux ans au par-de-là de ladite année; que de là il en arrive quelquefois de très-grands abus au détriment de la Communauté, non pas qu'actuellement elle n'ait lieu de se louer de la continuation qu'elle a faite pour une seconde année de la qualité de Syndic, en la personne dudit Louis Soudé, dont la probité, l'intelligence, la vigilance & l'exactitude ont apporté à la Communauté tous les biens qu'elle pouvoit attendre d'un homme doué de pareilles qualités ; mais que l'experience ayant malheureusement fait connoître qu'aucuns des prédécesseurs dudit Soudé, comme certains de leur continuation par leurs manœuvres & celles de leurs adhérans, loin d'avoir fait à la Communauté tous les biens qu'on devoit naturellement attendre de leur continuation, par la connoissance qu'ils avoient acquise dans leurs premieres années des droits & des affaires de la Communauté ; les uns avoient fait des torts considerables & presque irréparables à la Communauté, & les autres incapables par eux-mêmes de gérer cet emploi, s'étoient laissé gouverner par de certaines gens, dont toutes les démarches n'ont tendu & ne tendent qu'à la ruine totale de la Communauté ; que cela donc faisoit apprehender qu'aucuns de ceux qui succederont audit Soudé ne fissent un mauvais usage de leur continuation, & qu'en outre par ce moyen ils ne privassent encore la Communauté de Sujets qui se trouveroient capables, qui s'acquitteroient dignement de cette Charge & apporteroient à la Communauté tous les avantages qu'elle doit esperer de son Chef ; que par ces raisons il seroit bon de statuer, si à l'avenir on fera ou ne fera point lesdites continuations.

Sur quoi, la Communauté ayant mûrement réfléchi, elle a arrêté & déliberé ce qui suit :

Premierement, que les quatre grands Jurez accompagneront les six petits Jurez, qui tous ensemble avec le Clerc de la Communauté, un Huissier & un Archer feront incessamment pendant trois jours lesdites visites necessaires dans Paris chez les Chambrelans & autres gens qui travaillent de la profession de Savetier sans qualité, les saisiront & feront ce qu'il conviendra; que les choses saisies demeureront au profit de tous lesdits Jurez, que les frais de vacations dudit Clerc de la Communauté, Huissier & Archer, ensemble ceux des Procès verbaux qui seront faits seront au dépens de la Communauté, & que les Procès qui pourront naître sur lesdites saisies & Procès verbaux, seront poursuivis par ladite Communauté & à ses frais, sans que tous lesdits Jurez en soient aucunement tenus, sauf le recours de la Communauté, s'il y a lieu, contre les Parties saisies.

Deuxiémement, que la Communauté payera lesdits quatre-vingt dix livres, pour les deux derniers termes de la présente année du loyer dudit Bureau.

Troisiémement, que la Communauté avancera audit Fontaine les trois termes échus & le courant des lieux qu'occupe chez lui ledit Lormel, ensemble les frais faits par ledit Fontaine; & qu'avec toute la diligence possible il soit procedé à la vente des meubles & marchandises dudit Lormel; qu'à cet effet, les Syndics & grands Jurez en Charge & leurs successeurs demeurent autorisés à faire toutes les poursuites & procedures necessaires, même à suivre & faire juger les appellations qui pourroient être faites au Parlement ou ailleurs par ledit Lormel ou autres des Sentences & Jugemens qui l'ont condamné, & des poursuites & procedures qui ont été faites contre lui, & qu'à l'avenir lorsque quelqu'un qui aura été élu petit Juré ne voudra point lever sa

Commiſſion ou payer les cent livres qui ont coutume d'être payées pour s'exempter de cette Charge, il ſoit pourſuivi à la derniere rigueur ; que quand il faudra faire les avances de trois termes & du courant, & payer les frais au proprietaire ou principal locataire, le Syndic qui ſera en place eſt autoriſé à les faire pour ladite Communauté, & à faire conjointement avec les grands Jurez qui ſeront auſſi en place, tout ce qui eſt ci-deſſus arrêté, qui ſera fait contre ledit Lormel, ſans qu'il ſoit beſoin de nouvelles déliberations à ce ſujet.

Quatriémement, que les grands Jurez de ladite Communauté ſont autoriſez à faire les viſites neceſſaires chez les Cordonniers, & à ſaiſir ceux qui ſeront dans le cas, en prenant par eux l'Ordonnance de M. le Lieutenant Genéral de Police de Paris, & ſe faiſant aſſiſter d'un Commiſſaire & d'un Huiſſier ; que les choſes ſaiſies demeureront au profit de la Communauté des Savetiers, que les frais de ladite Ordonnance & ceux des vacations deſdits Commiſſaire & Huiſſier, enſemble le coût des Procès verbaux qui ſeront faits, ſeront aux dépens de la Communauté, & que les Procès qui pourroient naître ſur leſdites viſites & Procès verbaux ſeront pourſuivis par ladite Communauté, & à ſes dépens, ſans que leſdits grands Jurez en ſoient aucunement tenus, ſauf le recours de la Communauté, s'il y a lieu, contre qui il appartiendra, autre que contre leſdits grands Jurez.

Cinquiémement, que les Syndic & grands Jurez en Charge ſont & demeureront autoriſés à faire une recherche exacte de toutes les Déclarations du

Roi, Arrêts, Jugemens, Sentences & Reglemens qui maintiennent ladite Communauté en ſes droits & privileges; & qui annullent diverſes ſaiſies faites par les Cordonniers chez aucuns des Maîtres Savetiers, pour avec la preſente déliberation, les faire imprimer en un ſeul & même cahier en nombre ſuffiſant, & en délivrer des exemplaires aux Maîtres de la Communauté des Savetiers, afin qu'étant inſtruits ils conſervent leurs droits & ſe pourvoient contre les vexations deſdits Cordonniers; deſquels exemplaires ſera cependant conſervé au Bureau de ladite Communauté une certaine quantité pour s'en ſervir ſuivant l'exigence des cas.

Sixiemement, qu'à l'avenir nul Syndic ne pourra être continué au-delà de l'année que ſon Syndicat doit ſeulement durer; que cependant la Communauté prie ledit Soudé actuellement Syndic, de croire que ce n'eſt point à ſon ſujet ſi elle prend ce parti, mais ſeulement à cauſe des raiſons ci-deſſus rapportées, qu'elle déclare & reconnoît que peu de Syndics ſe ſont auſſi dignement acquittez que lui Soudé de leur emploi, qu'elle le remercie de toutes les peines qu'il a bien voulu prendre pour elle, & le prie de vouloir bien toujours lui continuer ſes bons offices.

Septiémement, que ledit Soudé Syndic en Charge & ſes ſucceſſeurs ſont & demeureront autoriſés à faire tous les débourſés, avances, frais & faux-frais qu'il conviendra faire en conſequence de ce qui a été ci-deſſus arrêté, & des preſentes; leſquelles debourſés, avances, frais & faux-frais ſeront paſſés ſans difficulté dans les comptes des Syndics, en rapportant quittances ſuffiſantes dans les cas où on en peut avoir, & rapportant mémoires d'eux certifiés veritables de ce qu'ils auront payé & debourſé, dont ils pourront rapporter des quittances.

Et huitiémement, que les Syndics & grands Jurez e nCharge ſont & demeurent autoriſés à faire homologuer ces Preſentes où beſoin ſera, & à faire à ce ſujet tout ce qui ſera neceſſaire. Fait, arrêté & déliberé en ladite aſſemblée tenue au Bureau de ladite Communauté, ci-devant déclaré, leſdits jour & an que deſſus, ſur les cinq heures & demie de relevée; & ont *ſigné*, excepté leſdits Rabon, Goy, Couſin & Marquault qui ont déclaré ne le ſçavoir, de ce interpellés; & à l'égard des nommés Briquet, Tranſon, Mazurier, Fontaine, Faſſe, Martin, Vian, Deſtolets, Vaillant, Parmentier, Demenancourt, du Chaſteau qui avoient été mandez, ils ne ſe ſont point trouvés, & en a été accordé défaut contre eux; & quant auſdits le Vaſſeur, Girardon, le Comte, Boudin, Baquoy, Peu, Bourgeois, Beautier & Flamant, ils ſe ſont retirés & n'ont voulu ſigner, le tout après la lecture faite de ladite Déliberation, ainſi qu'il eſt dit en la minute des Preſentes demeurée à Bontemps Notaire.

Suit la teneur de ladite Ordonnance.

De l'Ordonnance de Nous François Moreau, Chevalier, Conſeiller du Roi en ſes Conſeils d'Etat & Privé, Honoraire en ſa Cour de Parlement, Procureur de Sa Majeſté au Châtelet de Paris, premier Juge Conſervateur des Privileges des Corps des Marchands, Arts, Métiers, Maîtriſes, Jurandes de la Ville, Fauxbourg & Fanlieue de Paris, il eſt permis aux Syndic & Jurez en Charge de la Communauté des Maîtres Savetiers à Paris, de faire aſſembler Samedi prochain vingt-deux du preſent mois, deux heures de relevée, en leur Bureau ſcis rue de la Pelleterie, tous les Maîtres qui doivent être appellés pour déliberer ſur pluſieurs affaires de la Communauté ; & faute de comparoir, ſeront les défaillans condamnés chacun en quatre livres d'amende, applicable au profit de la Confrérie de ladite Communauté ; de ce faire leur donnons pouvoir. Fait & ordonné en notre Hôtel, ce dix-huit Septembre mil ſept cens trente-ſix. *Signé* MOREAU.

L'Original des Preſentes eſt annexé, comme dit eſt, à la minute dudit Acte, dont expédition eſt des autres parts, le tout demeuré audit Me. Bontemps Notaire. *Signé*, GERVAIS ET BONTEMPS. avec paraphe.

Scellé ledit jour, reçû 11 ſ.

SENTENCE DE POLICE

Rendue au profit des Maîtres Savetiers à Paris ;

Contre les Jurez de la Viſitation Royale de la Communauté des Maîtres Cordonniers à Paris.

Du dix-ſept Septembre mil ſept cens dix-ſept.

A TOUS CEUX QUI CES PRE'SENTES LETTRES verront : Charles-Denis de Bullion, Chevalier, Marquis de Gallardon, Prevôt de Paris, SALUT. Sçavoir faiſons que, ſur la Requête faite en Jugement

ment devant Nous en la Chambre de Police du Châtelet de Paris, par Maître Antoine Olivier II, Procureur de Charles Bardot, Maître Savetier à Paris, Demandeur aux fins de la plainte par lui rendue à Maiſtre Fremin, Commiſſaire en cette Cour, le douze Mars dernier, contre deux Jurez Cordonniers qui ſont venus en viſite chez lui ſans Commiſſaire, Huiſſier, ni autres Officiers, & aux fins de ſon Ordonnance & aſſignation pour y proceder, des dix-ſept dudit mois & vingt-deux Mai dernier, Défendeur à la ſaiſie ſur lui depuis faite à la Requête des quatre Jurez de la Viſitation Royale de la Communauté des Maîtres Cordonniers à Paris, le quatorze dudit mois de Mai, de deux paires de ſouliers à uſage d'hommes à talons de cuir, d'une paire à même uſage à talons de bois, de quatre paires à uſage de garçons, de huit paires & deux paires de mulles à uſage de femmes, de deux paires de ſouliers à uſage d'enfans, & d'une autre paire à uſage d'homme, & à la demande en validité & confiſcation deſdites choſes ſaiſies comme prétendant être marchandiſe neuve & avoir été crottée malicieuſement, Demandeur incidemment en main-levée de ladite ſaiſie en nullité d'icelle, avec dommages interêts, & à ce que défenſes ſoient faites aux Jurez de la Viſitation Royale d'en faire à l'avenir de pareilles, ſuivant ſes défenſes du vingt-quatre dudit mois de Mai, Défendeur à l'aſſignation à lui donnée à leur Requête ledit jour, pour proceder ſur la plainte par eux contre lui rendue à Maiſtre Thomin, Commiſſaire, ledit jour douze Mars dernier, à celle deſdits Jurez Cordonniers du cinq Juin auſſi dernier en information de l'Avis de Monſieur le Procureur du Roi du premier dudit mois, & à l'intervention des Jurez & Syndics en charge de la Communauté des Maiſtres Savetiers à Paris du huit dudit mois, qui ont conclu comme ledit Bardot à la nullité & main-levée de ladite ſaiſie, & à ce que défenſes ſoient faites auſdits Jurez Cordonniers d'en faire à l'avenir de ſemblables, & de les troubler dans leur profeſſion, aſſiſté de Maiſtre Le Poupet ſon Avocat.

Contre M^e^. Claude Teſtart, Procureur deſdits quatre Jurez de la Viſitation Royale de ladite Communauté des Maiſtres Cordonniers à Paris, Défendeurs à la plainte dudit Bardot, plaignans pareillement contre lui ſuivant celle par eux rendue audit Maiſtre Thomin, Commiſſaire, ledit jour 12. Mars dernier, leſquels ont depuis fait ladite ſaiſie ſur lui le jour 14 Mai dernier, Défendeurs à ſadite demande en main-levée d'icelle, & à l'intervention des Syndics & Jurez de ladite Communauté des Maiſtres Savetiers, aſſiſtez de Maiſtre Pillon leur Avocat, & Maiſtre Jean-Laurent le Comte, Procureur deſdits Jurez & Syndics en charge de ladite Communauté des Maiſtres Savetiers à Paris, intervenans en ladite Inſtance, & Demandeurs comme ledit Bardot en main-levée de ladite ſaiſie, & à ce que défenſes ſoient faites auſdits Jurez Cordonniers d'en faire de pareilles, ni de les troubler dans leur profeſſion, ſuivant leurdite Requête dudit jour huit Juin dernier, aſſiſtez de Maiſtre Pothoüin leur Avocat: Parties ouies, lecture faite de l'Arrêt du Parlement rendu ſur production des Parties, entre Guillaume Duponcet, Maiſtre Savetier à Paris, & leſdites deux Communautez desdits Cordonniers & Savetiers, au mois de Novembre mil six cens trente-cinq, de nos Sentences du 18 Juillet mil six cens soixante-dix-neuf, quinze Octobre & cinq Novembre mil six cens quatre-vingt-trois, & dix-neuf Juillet mil six cens quatre-vingt dix-sept, rendues entre Paul Deligny, Sebastien Belache, Pantaleon Alain, Michel Godailliez, Jean Remy, Eustache Savary, Nicolas Burault, Philippes Poussin, Louis Vilain, Leger Beaugrand, Jean Denise & Gervais Cochegruë, Maistres Savetiers à Paris, & lesdites deux Communautés des Maistres Cordonniers & Savetiers qui ont fait main-levée ausdits Maistres Savetiers de pareilles saisies sur eux faites & sur les mêmes prétextes, à la Requête desdits Jurez Cordonniers, & les ont condamné aux dépens de la saisie faite sur ledit Bardot; & de notre Sentence contradictoire du 30 Juillet dernier, par laquelle il avoit été ordonné qu'avant de faire droit, lesdits souliers saisis sur ledit Bardot seroient représentez à l'Audience: NOUS, après que les Jurés Cordonniers ont soutenu que les souliers qui nous sont représentés sont neufs, & qu'ils ont été crottés par affectation; Nous après les avoir vûs & examinés, en avons fait main-levée, & en consequence avons mis les Parties hors de Cour & de Procès, dépens compensés, exécuté sans préjudice de l'appel. En témoin de ce, nous avons fait sceller ces Présentes. Ce fut fait & donné par Messire Marc-René de Voyer de Paulmy, Chevalier, Marquis d'Argenson, Conseiller d'Etat Ordinaire, Lieutenant Général de Police, tenant le Siége le Vendredi dix Septembre 1717. *Signé* en chef, TARDI-

VEAU, *&* *collationné* P. CAILLET, avec paraphe. *Et plus bas est écrit* : Scellé le 14 Septembre mil sept cens dix-sept, *Signé* DE CHAMBAULT, *&* *encore au dos est écrit*, signifié & baillé copie ausdits Maîtres Testart & le Comte, Procureurs à domicile, le 20 Septembre 1717. *Signé* ARNOUL, avec paraphe, *au-dessous est écrit*, *&c.*

SENTENCE

D'homologation de Déliberation de la Communauté des Maîtres Savetiers.

Du 16 *Novembre* 1736.

A TOUS ceux qui ces présentes Lettres verront : Gabriel-Jerôme de Bullion, Chevalier, Comte d'Esclimont, Mestre de Camp du Régiment de Provence Infanterie, Conseiller du Roi en ses Conseils, Prevôt de la Ville, Prevoté & Vicomté de Paris, SALUT. Sçavoir faisons, que vû par Nous René Herault, Chevalier, Seigneur de Fontaine-Labbé, Vaucresson & autres lieux, Conseiller d'Etat & Lieutenant Général de Police de la Ville, Prevôté & Vicomté de Paris, la Requête à Nous présentée par les Syndics, grands Jurez en Charge, Anciens & Communauté des Maîtres Savetiers de la Ville & Fauxbourgs de Paris, à ce qu'il Nous plût homologuer la Déliberation faite par la Communauté desdits Maîtres Savetiers devant Crevon & Bontemps Notaires au Châtelet de Paris, le vingt-deux Septembre dernier, portant entre autres choses ; premierement, que les quatre grands Jurez accompagneront les six petits Jurez, qui tous ensemble avec le

Clerc de la Communauté, un Huissier & un Archer feront incessamment pendant trois jours les visites nécessaires dans Paris, chez les Chambrelans & autres gens qui travaillent de la profession de Maître Savetier sans qualité, les saisiront & feront ce qu'il conviendra ; que les choses saisies demeureront au profit de tous lesdits Jurez, que les frais des vacations desdits Clerc de la Communauté, Huissier & & Archer, ensemble ceux des Procès-verbaux qui seront faits seront aux dépens de la Communauté, & que les Procès qui pourront naître sur lesdites saisies & Procès-verbaux seront poursuivis par ladite Communauté & à ses frais, sans que tous lesdits Jurez en soient aucunement tenus, sauf le recours de ladite Communauté, s'il y a lieu, contre les Parties saisies. Secondement, que la Communauté payera les quatre-vingt-dix livres pour les deux derniers termes de la présente année du loyer du Bureau. Troisiémement, que la Communauté avancera au nommé Fontaine les trois termes échus & le courant des lieux qu'occupe chez lui ledit Lormel, ensemble les frais faits par ledit Fontaine, & qu'avec toute la diligence possible il soit procedé à la vente des meubles & marchandises dudit Lormel ; qu'à cet effet les Syndics, grands Jurez en Charge, leurs successeurs demeurent autorisés à faire toutes les poursuites & procedures necessaires, même à suivre & faire juger les appellations qui pourront être faites au Parlement ou ailleurs par ledit Lormel ou autres, des Sentences & Jugemens qui l'ont condamné, & des poursuites & procedures qui ont été faites contre lui, & qu'à l'avenir lorsque quelqu'un qui aura été élu petit Juré ne voudra point lever sa commission, ou payer les cent livres qui ont coûtume d'être payées, pour s'exempter de cette Charge, il soit poursuivi à la derniere rigueur; que quand il faudra faire les avances des trois termes & du courant, & payer les frais au proprietaire ou principal locataire, le Syndic qui sera en place est autorisé à les faire pour ladite Communauté, & à faire conjointement avec les grands Jurez qui seront aussi en place, tout ce qui est cy-dessus arrêté, qui sera fait contre ledit Lormel, sans qu'il soit besoin de nouvelle Déliberation à ce sujet. Quatriémement, que les grands Jurez de ladite Communauté sont autorisés à faire les visites necessaires chez les Cordonniers, & à saisir ceux qui seront dans le cas, en prenant par eux notre Ordonnance, & se faisant assister d'un Commissiaire & d'un Huissier; que les choses saisies demeureront au profit de la Communauté des Savetiers; que les frais de notredite Ordonnance & ceux des vacations desdits Commissaire & Huissier, ensemble le coût des Procès-verbaux qui seront faits, seront aux dépens de la Communauté, & que les Procès qui pourront naître sur lesdites visites & Procès-verbaux seront poursuivis par ladite Communauté & à ses dépens, sans que lesdits grands Jurez en soient aucunement tenus, sauf le recours de la Communauté, s'il y a lieu, contre qui il appartiendra, autre que contre lesdits grands Jurez. Cinquiémement, que les Syndics & grands Jurez en Charge sont & demeurent autorisés à faire une recherche exacte de toutes les Déclarations du Roi, Arrêts, Jugemens, Sentences & Reglemens qui maintiennent ladite Communauté en ſes Droits & Privileges, & qui annullent diverſes ſaiſies faites par les Cordonniers chez aucuns des Maîtres Savetiers, pour, avec la préſente Déliberation, les faire imprimer en un ſeul & même cahier, en nombre ſuffiſant, & en délivrer des exemplaires aux Maîtres de la Communauté des Savetiers, afin qu'étant inſtruits, ils conſervent leurs droits, & ſe pourvoyent contre les vexations deſdits Cordonniers, deſquels exemplaires ſera cependant conſervé au Bureau de ladite Communauté une certaine quantité, pour s'en ſervir ſuivant l'exigence des cas. Sixiémement, qu'à l'avenir nul Syndic ne pourra être continué au-delà de l'année que ſon Syndicat doit ſeulement durer. Septiémement, que ledit Soudé Syndic en Charge & ſes ſucceſſeurs ſont & demeurent autoriſés à faire tous les débourſés, avances, frais & faux-frais qu'il conviendra faire, en conſequence de ce qui a été cy-deſſus arrêté, leſquels debourſés, avances, frais & faux-frais, ſeront paſſés ſans difficulté dans les comptes des Syndics, en rapportant quittances ſuffiſantes dans les cas où on peut en avoir, & rapportant mémoires d'eux, certifiés véritables, de ce qu'ils auront payé & debourſé, dont ils pourront rapporter des inſtances. Huitiémement & enfin, que les Syndics & grands Jurez en Charge ſoient & demeurent autoriſés à faire homologuer ladite Délibération où beſoin ſera, & à faire à ce ſujet ce qui ſera néceſſaire, pour être ladite Déliberation, ainſi qu'elle eſt ci-deſſus, exécutée ſelon ſa forme & teneur ; ladite Requête *ſignée* le Moine l'aîné ; notre Ordonnance de ſoit montré au Procureur du Roi étant au bas, en date du treize Octobre dernier, les Conclusions du Procureur du Roi étant ensuite du huit de ce mois, ensemble la Déliberation; & tout consideré : NOUS avons la Déliberation dudit jour vingt-deux Septembre mil sept cens trente-six homologuée en ce qui concerne les Articles deux, cinq, six, sept & huit, lesquels seront exécutés selon leur forme & teneur; & en ce qui touche les Articles premier & quatre de ladite Déliberation, en réformant iceux : Disons que les saisies, ainsi que les procedures qui seront faites, seront à la requête & frais des Jurez, sans répetition aucune contre la Communauté, & que le benefice des saisies, ainsi que les dommages, interêts & dépens qui pourront être adjugés, tourneront au profit desdits Jurez, ce qui sera exécuté nonobstant oppositions ou appellations quelconques, & sans préjudice d'icelles. En témoin de quoi, Nous avons fait sceller ces Présentes, qui furent faites & jugées par Nous Juge susdit le 19 Novembre mil sept cens trente-six. *Signé* DE BEAUVAIS. *Collationné.*

ARREST

ARREST DE LA COUR DE PARLEMENT,

QUI fait défenses aux Jurez Cordonniers de faire aucunes Saisies sur les Maîtres Savetiers, que lorsque les Ouvrages qu'ils voudront saisir seront entiérement parfaits.

Du 17 Août 1739.

EXTRAIT DES REGISTRES du Parlement.

LOUIS, par la Grace de Dieu, Roi de France & de Navarre; au premier Huissier de notre Cour de Parlement, ou autre Huissier ou Sergent sur ce requis; SÇAVOIR faisons, qu'entre les Syndics & Jurez de la Communauté des Maîtres Cordonniers à Paris, Appellans d'une Sentence contr'eux rendue en la Chambre de Police du Châtelet de Paris, du huit Février 1737, & de ce qui a suivi, & Demandeur en Requête du cinq Juillet 1737, d'une part; & Barthelemi Godefroy, Maître Savetier à Paris, Intimé, Défendeur & Demandeur en Requête du cinq dudit mois de Juillet, & lesdits Syndic& Jurez de la Communauté des MaîtresCordonniers, Défendeurs d'autre; & entre les Syndic & Jurez de la Communauté des Maîtres Savetiers à Paris, Demandeurs en Requête d'intervention du trente Janvier 1738, d'une part; & lesdits Syndic & Jurez de la Communauté des Cordonniers de Paris, Défendeurs d'autre; & entre ledit Godefroy, à present Syndic de sa Communauté, & lesdits

Jurez en charge, & Communauté des Maîtres Savetiers de cette Ville, & comme ayant pris ſon fait & cauſe, Demandeurs en Requête du vingt-neuf Janvier 1739, d'une part; & leſdits Syndic & Jurez de la Communauté des Cordonniers, Défendeurs d'autre. Vû par notredite Cour la Sentence dont eſt appel contradictoirement rendue entre leſdites Parties par le Lieutenant Général de Police au Châtelet de Paris le huit Février 1737, par laquelle les Syndic & Jurez en charge des Maîtres Savetiers à Paris auroient été reçus Parties intervenantes; en conſéquence, main-levée leur auroit été faite de la ſaiſie en queſtion faite ſur ledit Godefroy, à rendre les choſes ſaiſies, tous Gardiens & Dépoſitaires contraints par corps, quoi faiſant déchargés, leſdits Cordonniers condamnés aux dépens: Requête & demande deſdits Cordonniers du cinq Juillet 1737, à ce que l'appellation & ce fut mis au néant, émandant la ſaiſie faite à leur requête des quatre paires de Bottes ſur ledit Godefroy, par Procès-verbal du dix-ſept Novembre 1736, fut déclarée bonne & valable, comme étant leſdites Bottes en contravention des Statuts de la Communauté deſdits Cordonniers, Arrêts & Reglemens de notredite Cour, leſquels ſeroient exécutez ſelon leur forme & teneur; il fut ordonné que leſdites Bottes ſeroient & demeureroient confiſquées au profit de laCommunauté des Cordonniers; & pour la contravention, ledit Godefroy fût cnndamné en telle amende qu'il plairoit à notredite Cour, défenſes fuſſent faites audit Godefroy de récidiver; ledit Godefroy fut en outre condamné en tous les dépens des cauſes principales, d'appel, demandes, il fut ordonné que l'Arrêt qui interviendra seroit lû, publié & affiché par tout où besoin seroit, le tout aux frais & dépens dudit Godefroy: Requête & demande dudit Godefroy, du même jour cinq Juillet 1737, à ce que sans s'arrêter à la Requête desdits Jurez Cordonniers, dont ils seroient déboutez, l'appellation fut mise au néant, avec amende & dépens: Arrêt du huit Août 1737, qui sur ledit appel a appointé les Parties au Conseil, & sur les demandes en droit & joint: Causes & moyens d'appel desdits Cordonniers du vingt-huit Février 1738: Productions respectives des Parties: Réponses dudit Godefroy, du cinq Juillet audit an, aux causes d'appel desdits Cordonniers, servant de Contredits de leur Production: Sommation à eux faite de contredire de leur part: Requête & demande des Syndic & Jurez de la Communauté des Maîtres Savetiers de Paris, du trente Janvier 1738, à ce qu'ils fussent reçus Parties intervenantes en l'Instance, Acte leur fut donné de ce que pour moyen d'intervention, ils employent le contenu en leur Requête, avec les Arrêts de Reglemens & Sentences de Police dont ils demandoient l'exécution, comme aussi Acte leur fut donné de ce qu'ils se joignoient & adhéroient aux fins & conclusions prises par ledit Godefroy; en conséquence, leurs fins & conclusions leur fussent conjointement adjugées avec dépens: Arrêt du sept Février 1738, par lequel lesdits Maîtres Savetiers auroient été reçus Parties intervenantes en l'Instance, Acte leur auroit été donné de l'employ porté par leur Requête; & pour faire droit sur ladite intervention & demande, les Parties auroient été appointées en droit & joint à ladite instance pendante au rapport de Maître Ayme Jean-Jacques Severt, Conſeiller : Requête deſdits Savetiers, du quatre Juillet audit an, d'employ pour Ecritures & production : Contredits deſdits Cordonniers du onze Août ſuivant, contre la Production faite par ledit Godefroy, en exécution de l'Arrêt du huit Août 1737, ſervant auſſi d'avertiſſement ſur ladite intervention, en exécution du dernier Arrêt : Production nouvelle dudit Godefroy, par Requête du deux dudit mois d'Août ; contredits contre icelle deſdits Cordonniers, du vingt du même mois : Salvations dudit Godefroy, & des Maîtres Savetiers, du vingt-quatre Janvier 1739 ; Requête dudit Godefroy & deſdits Maîtres Savetiers, du vingt-neuf du même mois de Janvier, contenant demande à ce qu'en procédant au Jugement de l'Inſtance, ayant nullement égard à la prétendue oppoſition formée par leſdits Cordonniers en cauſe principale à la Procedure & à la Sentence intervenue en la Chambre du Procureur du Roi au Châtelet, dans laquelle ils ſeroient déclarés non-recevables & mal fondés au principal, mettant l'appellation au néant, avec amende & dépens, ſans s'arrêter à tout ce qui a été dit, écrit & produit par leſdits Cordonniers, il fut ordonné que les Arrêts & Reglemens intervenus entre leſdites Parties, & notamment l'Arrêt de Reglement du dix-neuf Août 1676, ſeroient executés ſelon leur forme & teneur ; en conſéquence, nouvelles prohibitions & défenſes leur fuſſent faites de plus faire aucune ſaiſie ſur les Maîtres Savetiers, que lorſque les ouvrages qu'ils voudroient ſaiſir ſeroient entierement parfaits, à peine d'amende &

de tous dépens, dommages & interêts ; & pour y être contrevenus, ils fussent condamnés en tels dommages & interêts qu'il plairoit à notredite Cour; défenses leur fussent faites de récidiver sous de plus fortes peines; & pour que l'Arrêt qui interviendroit forme un Reglement constant entre les Parties, il fut ordonné qu'il seroit lû, publié, imprimé & affiché par tout où besoin seroit, aux frais & dépens desdits Maîtres Cordonniers, & qu'il seroit enregistré sur les Registres des deux Communautez, & lesdits Cordonniers fussent condamnés en tous les dépens; au bas de laquelle Requête employée pour Ecritures & Productions sur la demande y portée, est l'Ordonnance de notredite Cour qui l'a reglée en droit & joint, & donné Acte de l'emploi. Sommation faite ausdits Cordonniers de fournir de défenses à ladite demande, produire & contredire en exécution de l'Ordonnance étant au bas de ladite Requête. Production nouvelle desdits Cordonniers par Requête du 31 Janvier 1739. Contredits contre icelle dudit Godefroy & desdits Savetiers du 20 Fevrier audit an. Memoires respectifs imprimés & signifiés. Réponses dudit Godefroy & des Maîtres Savetiers, imprimées & signifiées au Memoire desdits Cordonniers. Sommations générales de satisfaire aux Arrêts de Reglemens intervenus en l'Instance. Conclusions de notre Procureur General; tout joint & consideré. NOTREDITE COUR faisant droit sur le tout, sans s'arrêter à la Requête desdits Syndic & Jurez de la Communauté des Maîtres Cordonniers de Paris dont ils sont déboutés, ayant égard à l'intervention desdits Syndic & Jurez de la Communauté des Maîtres Savetiers, a mis & met l'appellation au néant; ordonne que ce dont a été appellé sortira son plein & entier effet; ce faisant, que les Jugemens, Arrêts & Reglemens intervenus entre les Parties, & notamment l'Arrêt du 19 Août 1676. seront executés selon leur forme & teneur; en conséquence, fait défenses ausdits Jurez Cordonniers de plus à l'avenir faire aucunes saisies sur les Maîtres Savetiers, que lorsque les ouvrages qu'ils voudront saisir seront entierement parfaits; & sera le present Arrêt registré sur les Registres des deux Communautez: sur le surplus des demandes, fins & conclusions, met les Parties hors de Cour; condamne lesdits Syndic & Jurez de la Communauté des Cordonniers en l'amende de douze livres, & en tous les dépens de la Cause d'appel, intervention & demandes. SI MANDONS mettre le present Arrêt à exécution. Donné en notredite Cour de Parlement le dix-sept Août, l'an de grace mil sept cens trente-neuf, & de notre Regne le vingt-quatriéme. *Signé par la Chambre*, MIREY. *Avec paraphe.*

Collationné, signé.... Scellé le deux Septembre audit an 1739, & signifié à Me Guerin, Procureur, le trois Septembre aussi audit an, par Dubignon Gravelle, qui a signé aussi, avec paraphe.

SENTENCE DE POLICE

Qui ordonne, qu'en exécution de l'Arrêt du Conseil du 14 Août 1696, tous les Maîtres & Veuves de Maîtres Savetiers seront contraints au payement du droit de vingt sols par années de quartier en quartier, entre les mains du Syndic en Charge, ensemble de payer le droit de Visite ordinaire aux Jurez; & qui condamne lesdits Maîtres & Veuves au payement des quartiers échus, avec dépens.

Du 20 May 1740.

A TOUS ceux qui ces présentes Lettres verront: Gabriel-Jerôme de Bullion, Chevalier Comte d'Esclimont, Seigneur de Videville, Crespure, Mareil, Montainville & autres lieux, Maréchal des Camps & armées du Roi, son Conseiller en ses Conseils, Prevôt de la Ville, Prevôté & Vicomté de Paris; SALUT. Sçavoir, faisons que sur la Requête faite en Jugement devant Nous à l'Audience de la Chambre de Police du Châtelet de Paris, par Me Pierre Hubert le Moine Procureur des Syndic, Grands-Jurez en Charge, Anciens & Communauté des Maîtres Savetiers à Paris, Demandeurs aux fins des Exploits faits par Jamard Huissier à Verge les trois & quatre du présent mois, contrôlez les six & sept dudit mois par le Grand, presentés, tendante à fin de confirmation des Avis de Monsieur le Procureur du Roi du 16 Fevrier dernier, signifiés aux Défendeurs ci-après nommés par les Exploits susdatés, & autres y contenues, avec dépens, contre Maître Rottier

Procureur de Pierre Revillon Maître Savetier à Paris, la nommée la veuve Belay, François Lanez, Hipolite Fremont, Mathieu Magnol, Jean Bunel, Mauclerc, Arnauld Goigou, François Semilliart, Charles Quenet, Etienne le Clerc, Jean Drouillard, Alexis Trezet, Edme Denis Bourgouin, Bernard Thuillier, Thomas Coinon pere, Louis Delisle l'aîné, Jean-Baptiste Millet, Medard-Jacques Mercier, François Hebert, Antoine Marcoussy fils, Nicolas Ruel, Louis Choine, Charles Billard, la veuve Baudouin, le nommé Breton fils, Guillaume Mesureux, Edme Marry, la veuve Jacques Valentin, Jean Clopet, André Rebours, Philippes Breton pere, Jean Blondel, Guillaume Notel, & Jean Asse, tous Maîtres & Maîtresses Savetiers à Paris, Défendeurs & Défenderesses aux Exploits susdatés ; Oüi ledit Me le Moine en son Plaidoyer, & par vertu du défaut de Nous donné contre ledit Me Rottier audit nom, & contre les Défendeurs & Défenderesses susnommés non comparans, ni Procureur pour eux dûment appellés : lecture faite des Avis de Monsieur le Procureur du Roi & Exploits susdatés, ensemble de l'avenir signifié audit Me Rottier pour plaider ce jourd'hui, Nous avons ledit Avis du Procureur du Roi confirmé ; disons que l'Arrêt du Conseil du 14 Août 1696 sera executé selon sa forme & teneur ; & conformement à icelui, que les Défendeurs & Défenderesses susnommés seront tenus de payer au profit de ladite Communauté vingt sols par année chacun lors des Visites des Jurés, à raison de cinq sols par Quartier, tant & si longuement qu'ils auront cours, & les droits de Visite ordinaire au profit

desdits

desdits Jurés : Dès-à-présent condamnons lesdits Défendeurs & Défenderesses à payer à ladite Communauté entre les mains du Syndic en Charge, sçavoir ledit Reveillon quarante sols pour deux années dudit droit de vingt sols échu, & y compris le Quartier d'Octobre dernier. La Veuve Belay vingt sols pour une année dudit droit de Visite échu, & y compris ledit Quartier d'Octobre dernier. Ledit Lanez, vingt sols pour une année dudit droit de vingt sols échûë, & y compris ledit Quartier d'Octobre dernier. Ledit Fremont, 20 sols pour une année dudit droit de vingt sols, & y compris ledit Quartier d'Octobre dernier. Ledit Magnol, quarante sols pour deux années dudit droit de Visite échuës, & y compris ledit Quartier d'Octobre dernier. Ledit Bunel trois livres huit sols, sçavoir trois livres pour trois années dudit droit de vingt sols échuës, & y compris ledit Quartier d'Octobre dernier, & huit sols pour les droits de quatre Visites, non compris celle du mois de Decembre dernier. Ledit Mauclerc vingt-quatre sols, sçavoir vingt sols pour une année dudit droit de vingt sols échues, & y compris ledit Quartier d'Octobre dernier, & quatre sols pour les droits de deux Visites, non compris celles dudit mois de Decembre. Ledit Goigou, deux livres pour deux années dudit droit de vingt sols échues, & y compris le Quartier d'Octobre dernier. Ledit Semillard, neuf livres seize sols, dont cinq livres pour cinq années dudit droit de vingt sols échues, & y compris le Quartier d'Octobre dernier, & quatre livres seize sols pour le droit de Visite de quatre années, non compris ledit mois de Decembre dernier. Ledit Quenet vingt ſols, pour une année dudit droit de vingt ſols échue, & y compris ledit Quartier d'Octobre dernier. Ledit le Clerc quatre livres huit ſols, ſçavoir deux livres pour deux années dudit droit de vingt ſols écheus, & y compris ledit Quartier d'Octobre, & quarante-huit ſols pour deux années dudit droit de Viſite échues,& y compris ledit Quartier d'Octobre dernier. Ledit Douillard, vingt-cinq ſols pour cinq Quartiers dudit droit de vingt ſols échus, & y compris ledit Quartier d'Octobre dernier. Ledit Alexis Trezel, quatre livres quinze ſols pour quatre années, trois Quartiers dudit droit de vingt ſols échus, & y compris ledit Quartier d'Octobre dernier. Ledit Bourgouin, trente-quatre ſols, ſçavoir trente ſols pour une année & demie dudit droit de vingt ſols échue, & y compris ledit Quartier d'Octobre, & quatre ſols pour le droit de deux Viſites auſſi échus, & y compris ledit Quartier d'Octobre dernier. Ledit Thuillier trois livres pour trois années dudit droit de vingt ſols échues, & y compris ledit Quartier d'Octobre dernier. Ledit Coinon pere, trente ſols pour une année & demie du même droit échue, & y compris ledit Quartier d'Octobre dernier. Ledit Deliſle l'aîné, deux livres ſeize ſols, ſçavoir deux livres pour deux années dudit droit de vingt ſols échues, & y compris ledit Quartier d'Octobre, & ſeize ſols pour les droits de huit Viſites. Ledit Millet trente-un ſols, ſçavoir vingt-cinq ſols pour cinq Quartiers du même droit de vingt ſols échus, & y compris ledit Quartier d'Octobre, & ſix ſols pour le droit de trois Viſites compris ledit Quartier. Ledit Mercier trois livres quatre ſols, dont deux livres pour deux années du même droit de vingt ſols, & vingt-quatre ſols pour le droit de Viſite d'une année, le tout échu, & y compris ledit Quartier d'Octobre dernier. Ledit Hebert vingt ſols pour une anné dudit droit de vingt ſols, échuë comme deſſus. Ledit Marcouſſy deux livres douze ſols, ſçavoir deux livres pour deux années du même droit de vingt ſols, & douze ſols pour les droits de ſix Viſites, le tout échu, & y compris ledit Quartier d'Octobre dernier. Ledit Ruel trente ſols pour une année & demie du même droit de vingt ſols échue, & y compris ledit Quartier d'Octobre dernier. Ledit Choine vingt-quatre ſols, ſçavoir vingt ſols pour une année dudit droit de vingt ſols, & quatre ſols pour deux droits de Viſites, le tout échu, & compris ledit Quartier d'Octobre dernier. Ledit Billard quarante ſols pour deux années dudit droit de vingt ſols échus, & y compris ledit Quartier d'Octobre dernier. Ladite Veuve Baudouin, vingt-quatre ſols pour une année dudit droit de vingt ſols, & quatre ſols pour le droit de deux Viſites, le tout échu, & compris ledit Quartier d'Octobre dernier. Ledit Breton fils, 3 liv. 12 ſ. dont 3 livres pour le même droit de vingt ſols de 3 années & 12 ſols pour le droit de ſix Viſites, le tout échu, & compris le Quartier d'Octobre dernier. Ledit Mezureux, trente ſols pour une année & demie dudit droit de vingt ſols échue, & y compris ledit Quartier d'Octobre dernier. Ledit Mary trois livres douze ſols, dont trois livres pour trois années dudit droit de vingt ſols, & douze ſols pour les droits de ſix Viſites, le tout échu, & compris ledit Quartier d'Octobre dernier. Ladite Veuve Valentin vingt sols pour une année dudit droit de vingt sols échue, & compris ledit Quartier d'Octobre dernier. Ledit Clopel vingt-six sols, sçavoir vingt sols pour une année dudit droit de vingt sols, & six sols pour le droit de trois Visites, le tout échu, & compris ledit Quartier d'Octobre dernier. Ledit Rebours trente-deux sols, dont vingt sols pour une année dudit droit de vingt sols, & douze sols pour le droit de six Visites, échûë, & compris le Quartier d'Octobre dernier. Ledit Breton pere 5 livres 16 f. sçavoir cinq livres pour cinq années dudit droit de vingt sols, & seize sols pour le droit de huit Visites, le tout échu, & compris ledit Quartier d'Octobre dernier. Ledit Blondel vingt-quatre sols pour une année dudit droit de 20 sols, & quatre sols pour le droit de deux Visites, le tout échu & y compris ledit Quartier d'Octobre dernier. Ledit Notel vingt sols pour une année dudit droit de vingt sols échue, & y compris ledit Quartier d'Octobre dernier. Et ledit Asse, vingt sols aussi pour une année dudit droit de 20 sols, échuë, & y compris ledit Quartier d'Octobre dernier, le tout en deniers ou quittances valables, avec les interêts du jour de la demande, & les Quartiers dudit droit de vingt sols & droits de Visites échus depuis ledit Quartier d'Octobre dernier. DISONS qu'à l'avenir lesdits Défendeurs & Défenderesses, ensemble tous les Maîtres & Veuves de Maîtres de ladite Communauté seront contraints au payement dudit droit de vingt sols par année, de Quartier en Quartier, entre les mains du Syndic en Charge, ensemble à celui du droit de Visite aux Jurez par le présent Jugement, & ſans qu'il en ſoit beſoin d'autres. Condamnons les Défendeurs & Défendereſſes aux dépens chacun à leur égard; Et afin de rendre le préſent Jugement notoire & public, permettons aux Demandeurs de le faire imprimer aux frais & dépens de ladite Communauté, que le Syndic avancera, & qu'il employera en ſon compte de Syndicat, pour être diſtribué à tous les Maîtres & Veuves de ladite Communauté; & ſera un exemplaire en Placard du préſent Jugement mis dans le Bureau de ladite Communauté. Ce qui ſera executé nonboſtant & ſans préjudice de l'appel & ſoit ſignifié; en témoin de quoi Nous avons fait ſceller ces Préſentes, qui furent faites & données par Meſſire Claude-Henry Feydeau de Marville, Conſeiller du Roi en ſes Conſeils, Maître des Requêtes ordinaire de ſon Hôtel, Lieutenant General de Police de la Ville, Prevôté & Vicomté de Paris, tenant le Siége le Vendredi vingt Mai mil ſept cens quarante.

Collationnée. *Signé* CUYRET. Scellée le 27 Mai 1740. *Signé* SAUVAGE.

FIN.

TABLE
DES PRINCIPALES MATIERES
Contenues dans les Statuts de 1659.

A

APprentifs, le Maître ne pourra avoir qu'un *apprentif*, 8. Défenſes aux *apprentifs* de s'abſenter, 8. Cas pour leſquels *l'apprentif* eſt exclu de la Maîtriſe, 9. *L'Apprentif* tenu de mettre dix ſols dans la boete de la Confrérie, 9. Ne pourra être admis à la Maîtriſe, s'il n'a ſervi les Maîtres quatre ans, *Ibid.* Pourra parachever ſon tems ſous la veuve de ſon Maître, 10. Ne pourra employer aucuns Compagnons, qu'ils ne ſoient *apprentifs*, ou d'autres Villes où il y ait Jurande, 11. On ne pourra ſe ſervir d'*apprentifs* ou Compagnons accuſez d'action vicieuſe, 11.

B

BRevet d'apprentiſſage, nul ne ſera reçu Maître ſans *Brevet* en bonne forme, 7. paſſé pour trois ans pardevant Notaires, 8. Les *Brevets* premiers en datte auront la préférence, 10.

Bobelins, Défenſes à tous autres qu'aux Maîtres Savetiers, de faire des ſouliers appellez Bobelins, 4.

C

CAuſes commiſes au Châtelet, page 4.

Chef d'œuvre. Nul ne ſera admis audit métier qu'en faiſant *chef-d'œuvre*, 5. En préſence de qui doit être le *chef-d'œuvre*, 5. En quoi conſiſte le *chef-d'œuvre*, 5. L'apprentif qui épouſe la fille ou la veuve d'un Maître, sera reçû au *chef-d'œuvre*, 14. Fils de Maîtres exempts de faire *chef-d'œuvre*, 15.

Colpoteurs. Défense de colporter para Ville vieux souliers, bottes, ou bottines, 17. 18. & de crier, vendre, ni chercher dans les maisons vieux souliers ou bottines à acheter, 18.

Compagnons ne seront employez, s'ils ne sont apprentifs de Paris, ou d'ailleurs. 11. ou s'ils sont accusez d'action vicieuse, *ibid. Compagnons* punis, *ibid.* Défenses aux *compagnons* de se débaucher, 12. *Compagnons* de Paris préferez à tous autres, *ibid.*

Confrairie. Nul ne sera reçu Maître, qu'il ne soit de la *Confrairie*, 7. Et qu'il ne lui ait fait présent d'une livre de cire blanche, 8. Ce que chaque Maître ou Compagnon doivent payer annuellement à la *Confrairie*, 15.

Cuirs. Permis aux Maîtres de les lotir & partager avec toutes personnes, 16. Ils pourront vendre, échanger & debiter en entier, détail ou par piéces toutes sortes de cuirs les uns aux autres, *ibid.*

H

H*Alles*. Les Maîtres n'y auront qu'un seul Etat, 16.

Hu t-ban, Déchargés de ce droit, 4.

I

J*Urez*. Quatre Jurez dudit métier, 5. Droit de visite accordé aux *Jurez*, 6. Pourront, assistez d'un Commissaire, saisir les ouvrages chez les Cordonniers où l'on employera de vieux cuir, *ibid.* Huit petits *Jurez* prud'hommes, 7. Le nombre de Maîtres que les *Jurez* pourront recevoir, 15. Ce que l'Aspirant doit payer aux grands & aux petits *Jurez*, ibid.

Les *Jurez* ne feront aucune assemblée sans l'ordre du Procureur du Roi, 16. Les *Jurez* exempts de Commissions de Ville pendant leur Jurande, 20.

L

LOtir. Permis aux Maîtres de *lotir* avec toutes personnes, 16.

M

MAîtrise, Exempts & déchargés de Lettres de *Maîtrise*, à cause des avénemens des Rois à la Couronne, majorité, mariages, naissance de Dauphins, &c. 4 & 5. L'Aspirant qui ne sera pas capable, sera refusé, 14. L'Aspirant habile sera admis à la *Maîtrise*, & à quelles conditions, *ibid.*

R

REglement entre la Communauté des Savetiers & celle des Cordonniers, 19.

S

SAvates. Défenses à tous autres qu'aux Maîtres d'acheter de vieilles *savates*, pour les revendre ou mettre en œuvre, 12. Ne pourront les Maîtres vendre ni donner aux gens de dehors vieilles *savates* à racommoder, 17. Voyez *Colporteurs*.

Souliers neufs, conservés dans la faculté de faire *souliers* neufs pour leurs femmes & leur famille, 4. vieux *souliers*, voyez *Savates*.

V

VEuves de Maîtres jouiront du privilege de leurs maris, 10.

Visites. Droit des *visites*, 6. Exempts des *visites* des Baudroyeurs, *ibid.* Voyez *Jurez*.

Fin de la Table,

LETTRES PATENTES

Données à Marly, le 7 Mars 1705.

Qui accordent aux Jurez de la Communauté des Maîtres Savetiers la permiſſion de faire la viſite reciproquement chez les Cordonniers, comme les Cordonniers ſont chez les Savetiers, &c. Leur permettent d'augmenter les droits de Reception, Brevets d'aprentiſſages, &c. De faire par chacun an quatre viſites chez les Maîtres & Veuves de leur Communauté, leſquels payeront auſdits Jurés cinq ſols par viſite, &c.

LOUIS, PAR LA GRACE DE DIEU, ROI DE FRANCE ET DE NAVARRE : A tous ceux qui ces Préſentes Lettres verront, ſalut. Par notre Edit du mois d'Août mil ſept cens un, Nous avons ordonné que tous les Officiers de notre Royaume, dont les Offices ſont héreditaires ou en ſurvivance, demeureroient maintenus & confirmés dans l'hérédité, à la charge de nous payer par chacun d'eux les ſommes pour leſquelles ils ſeroient arrêtés à cet effet, & les deux ſols pour livre d'icelle, qui leur tiendroient lieu d'augmentation de finance ; & par Arrêt de notre Conſeil du 11 Juillet 1702, Nous avons ordonné que ledit Edit ſeroit exécuté à l'égard des Communautés & Officiers, tant de Judicature qu'autres qui ont fait réunir à leurs Corps & Communautés des Offices, droits ou taxations héreditaires ; nonobstant la prétention où ils étoient de n'être point dans le cas de cette confirmation ; en conséquence desquels Edit & Arrêt les Jurez, Corps & Communauté des Maîtres Savetiers de notre bonne Ville de Paris, ont été employés pour neuf mille cinq cens livres, & deux sols pour livre, à cause des Offices de Syndics Jurez, & d'Auditeurs des comptes de leur Communauté, créés ès années 1681 & 1684, dont Nous leur avons ci-devant accordé la réunion. Et comme par notre Edit du même mois de Juillet 1702, Nous avons créé par chaque Corps de Marchands & Communautés d'Arts & Métiers de notre Royaume un Trésorier-Receveur & Payeur de leurs deniers communs, lesdits Savetiers prenant occasion de ladite taxe de confirmation d'héredité, laquelle ils auroient prétendu toujours ne pas devoir, mais voulant en cela nous marquer leur soumission, & considerant qu'il ne pouvoit y avoir rien de plus avantageux pour leur Communauté que d'y reunir pareillement ledit Office de Trésorier, avec les taxations & droits qui y sont attachés, & les gages tels qu'il Nous plairoit de lui attribuer, ils Nous auroient très-humblement fait supplier de leur accorder ladite réunion, & de nous contenter d'une somme de quinze mille quatre cens cinquante-cinq livres de principal, & de quinze cens quarante-cinq livres dix sols pour les deux sols pour livre, tant pour la finance dudit Office, que pour ladite taxe de confirmation d'heredité, laquelle proposition & offre Nous avons bien voulu accepter, & en conséquence avons ordonné par Arrêt de notre Conseil du 27 Fevrier dernier, qu'en payant par eux lesdites sommes dans certains termes, ils jouiroient du benefice de ladite confirmation & dudit Office de Tresorier, qui demeureroit uni & incorporé à leur Communauté, avec les droits, privileges & exemptions y attribuées, & de 285 livres de gages actuels & effectifs par chacun an, à commencer du premier du mois de Janvier de la présente année, même leur avons permis d'emprunter lesdites sommes, le tout ou en partie, & accordé aux Préteurs privilege & hypoteque special sur ledit Office, droits & gages y attachés; pour l'exécution desquels Offices; & attendu qu'ils ne sont point assurés de trouver à emprunter dans le public des deniers suffisans pour les remplir, comme ils n'ont rien tant à cœur que de Nous marquer leur zéle & leur obéissance à nos volontés, ils croyent qu'ils seront obligés de lever par forme de prêt sur eux-mêmes & sur les Privilegiés de leur profession ce qui leur pourra manquer, laquelle levée ils ne peuvent faire sans notre permission. D'ailleurs jugeant nécessaire de pourvoir à ce que les arrerages & intérêts des sommes qu'ils emprunteront, soient exactement payés. & même qu'il puisse y avoir de tems à autre du revenant bon pour l'employer à l'extinction du principal, ce qui ne se peut qu'en imposant quelques droits nouveaux sur les visites & sur les receptions, & en se prescrivant des Reglemens qui les maintiennent dans une exacte discipline, & empêchent les abus qui détruisent ordinairement les Communautés les mieux établies, ils ont pris entr'eux, sous notre bon plaisir, les 24 Mars & seize Juin 1699, & 6 Juillet dernier, des Délibérations contenant plusieurs dispositions qu'ils désireroient qu'il Nous plût leur autoriser. Et voulant favorablement traiter ladite Communauté des Maîtres Savetiers de notre bonne Ville de Paris, leur donner des marques de la satisfaction que Nous avons de leur obéissance, & leur faire ressentir les effets de notre protection. A CES CAUSES, & autres à ce nous mouvans, après avoir fait examiner en notre Conseil les articles & propositions que lesdits Maîtres Savetiers ont fait rediger par écrit, ensemble leurs Statuts confirmés par nos Lettres patentes du mois de Mars 1659, registrées où besoin a été, lesdites Déliberations prises en leur Communauté les 24 & 16 Juin 1699, & 10 Juillet de la presente année 1703; ensemble ledit Arrêt du 27 Février dernier, & de notre certaine science, pleine puissance & autorité Royale, Nous avons par ces Présentes signées de notre main, conformément à notre Edit du mois d'Août 1701, à l'Arrêt de notre Conseil du onze Juillet 1702, & à celui du 27 Février dernier, maintenu & confirmé, maintenons & confirmons ladite Communauté des Maîtres Savetiers de notre bonne Ville de Paris dans l'héredité de leurs Offices de Syndics-Jurés, & d'Auditeurs de leurs comptes, dont Nous leur avons ci-devant accordé la réunion; & de la même autorité que dessus, avons uni & incorporé, unissons & incorporons à ladite Communauté l'Office de Trésorier, Receveur & Payeur de leurs deniers communs, créé par notre Edit du mois de Juillet 1702, pour jouir par eux des droits, priviléges & exemptions y attribués, & en outre de deux cens quatre vingt-cinq livres de gages actuels & effectifs, par chacun an, à commencer du premier Janvier de la présente année, sans que pour raison dudit Office ils soient tenus de prendre aucunes Lettres de provision, ni qu'ils soient ci-après tenus d'aucunes taxes de confirmation d'hérédité ni autres, dont Nous les déclarons exempts, à la charge de payer par eux, tant pour lad. confirmation d'hérédité des Offices de Syndic & d'Auditeur, que pour ledit Office de Trésorier, la somme de quinze mille quatre cens cinquante-cinq livres de principal sur les quittances du Receveur de nos deniers casuels, & en attendant l'expédition sur les recepissés de Me Jean Garnier que nous avons chargé de ce Recouvrement, ou ses Procureurs & Commis, portant promesse de les fournir, & quinze cens quarante-cinq livres dix sols pour les deux sols pour livre sur les quittances dudit Garnier, lesdites deux sommes faisant ensemble celle de dix-sept mille livres dix sols, payable dans les termes portés par ledit Arrêt du 27 Février dernier ; à l'effet de quoi permettons aux Jurés & Syndic de ladite Communauté de présent en charge, d'emprunter, conformément audit Arrêt, ou d'imposer sur tous les Maîtres de ladite Communauté, même sur les Privilegiés de leur profession, par forme de prêt, le plus équitablement que faire se pourra, ladite somme de dix-sept mille livres dix sols, & celle de cinq cens livres pour fournir à la dépense desdits emprunts, suivant l'état de contribution qui sera arrêté par lesdits Jurés & Syndic, & visé par le sieur d'Argenson, Maître des Requêtes, Lieutenant Général de Police de notre bonne Ville & Faubourgs de Paris, lequel état Nous entendons être exécuté selon sa forme & teneur, & les dénommés en icelui, contraints aux payemens des sommes pour lesquelles ils y seront employés par les voyes, & ainsi qu'il est accoutumé pour nos deniers & affaires. Voulons que ceux qui prêteront, ayent privilege & hypotéque special sur lesdits gages & droits attribués audit Office de Tresorier, comme aussi sur les deniers qui seront levés par augmentation en conséquence de ces Présentes, & généralement sur tous les biens, effets & revenus de ladite Communauté, & que les arrerages leur en soient payés d'année en année à raison du denier vingt. Et pour donner moyen à ladite Communauté, non-seulement de payer annuellement lesdits arrerages ou interêts, mais encore d'acquitter de tems à autre quelques choses sur le principal, ensorte qu'elle soit liberée le plus promptement qu'il sera possible, comme aussi pour maintenir la discipline qui doit être observée entr'eux, & empêcher les entreprises qui se font sur leur profession, Nous avons par ces mêmes Présentes dit, statué & ordonné, disons, statuons & ordonnons, voulons & nous plaît ce qui suit.

ARTICLE PREMIER.

QU'IL soit permis aux Jurés de ladite Communauté de faire réciproquement chez les Cordonniers, comme les Cordonniers font chez les Savetiers, la visite, à la charge d'obtenir la permission du Lieutenant Géneral de Police, & de se faire assister d'un Commissaire du Châtelet, sans que pour raison de ladite visite ils puissent prétendre aucuns droits.

ARTICLE II.

POURRONT aussi lesdits Jurez Savetiers saisir les

marchandises de leur métier qui pourront être vendues ou exposée en vente par les Soldats Invalides ou autres, & par toutes sortes de personnes qui ne sont point du métier, soit en boutique ou par les ruës & marchés de la Ville & Fauxbourgs de Paris, sans néanmoins ôter la liberté aux Soldats Invalides de travailler dans l'Hôtel pourvu que ce soit pour les personnes dudit Hôtel & non pour le public.

ARTICLE III.

LES Aspirans du rang des huit, qui doivent être reçus Maîtres tous les ans suivant les anciens Réglemens, payeront chacun deux cens livres pour tous frais de reception à la maîtrise, au lieu de cent quatre-vingts livres qu'ils payoient ci-devant, dans laquelle somme seront compris les droits des Jurez, des anciens, & même ceux de notre Procureur, ceux de de la Confrérie & autres.

ARTICLE IV.

PERMETTONS à ladite Communauté, outre les quatre surnuméraires qu'elle a droit de recevoir par chacun an suivant l'Arrêt de notre Conseil du 3 Juillet 1691, d'en recevoir encore quatre autres surnuméraires aussi par chacun an, lesquels payeront pour reception deux cens dix livres dûes à ladite Communauté y compris le droit Royal, outre les frais de Lettres, & des Jurez & Syndics, sans quils soient tenus de payer aucuns droits de Confrairie pour leur réception, sans préjudice de ceux qui se payent annuellement : Et pour donner des marques de notre protection à Jacques Lambert, nouvellement convertis à la Réligion Catholique Apoſtolique & Romaine, ordonnons auſdits Jurez & Syndic en charge de ladite Communauté des Maîtres Savetiers de le recevoir à ladite Maîtriſe, quoique ſans qualité, en leur payant ſeulement la ſomme de cent cinquante livres pour tous droits, tant de Juſtice que de Syndic & Jurez, ſans néanmoins tirer à conſéquence pour tous les autres qui pourroient être reçûs Maîtres ſans qualité, leſquels ſeront tenus de payer chacun la ſomme de trois cens cinquante livres.

ARTICLE V.

IL ſera payé par les Aprentifs de ladite Communauté pour chaque Brevet d'apprentiſſage ou tranſport, quarante ſols au lieu de vingt ſols qu'ils payoient ci-devant, outre les droits des Jurez & Syndic, & de la Confrairie.

ARTICLE VI.

LES Maîtres qui voudront être exempts de la petite Jurande, ſeront obligés de donner en pur don à ladite Communauté la ſomme de cent livres, & ceux qui voudront être exempt du Syndicat cent cinquante livres.

ARTICLE VII.

S'IL ſe préſente un Compagnon qui ne ſoit pas apprentif de Paris, qui épouſe une fille ou veuve de Maître, il ſera reçû Maître en payant pareille ſomme que payent ceux du rang des huit, & ſera reçû de la même maniere ; & s'il ſe preſente des Compagnons qui ne ſoient pas apprentifs de Paris, &

& qui n'épousent point des filles ou veuves de Maîtres, ils seront reçus Maîtres commes surnumeraires, en payant trois cens dix livres de net à la Communauté, outre les frais de Lettres & les droits des Jurez & des Syndics, au lieu de quatre cens livres à quoi la réception avoit été fixée pour les Compagnons de ladite qualité, & au moyen de leurs réceptions le nombre des surnumeraires sera censé d'autant rempli.

ARTICLE VIII.

CEUX qui auront prêté à l'occasion des Présentes ou dudit Arrêt du 27 Février dernier, seront remboursés avant les autres Créanciers, par contrât de constitution de rentes & suivant l'ordre de leur prêt, après lesquels remboursement tant des sommes principales que des arrérages ou intérêts échûs, la faculté accordée ci-dessus de recevoir quatre nouveaux surnuméraires sera éteinte & abolie, & tous les autres droits accordés par augmentation portés par cesdites Présentes, éteints & supprimés.

ARTICLE IX.

ET pour d'autant plus assurer le payement desdits arrérages ou intérêts, voulons conformément à la Délibération prise en l'assemblée de ladite Communauté le 6 Juillet de la presente année, qu'il soit fait par chacun an, à compter du premier Octobre prochain, quatre visites chez tous les Maîtres & veuves de Maîtres, chacun desquels, tant lesdites veuves que les Maîtres payeront cinq sols pour visite, qui font vingt sols par an, lesquels seront reçus par lesdits Jurez sur les quittances du Syndic ; & auront lesdits Jurez & Syndic pour leurs peines & vacation chacun quinze livres par an, revenant à soixante quinze livres ; & sera aussi payé au Clerc de ladite Communauté le même droit qu'il recevoit ci-devant ; & le surplus desdits deniers employé prémierement au payement des arrérages & intérêts, & ensuite au remboursement des principaux, après lequel lesdits Maîtres & veuves de Maîtres seront déchargés desdits vingt sols par an.

Article X.

Tous les deniers qui procederont de la réception des Maîtres, des Apprentifs, des vingt sols que chaque Maître ou veuve de Maîtres, seront tenus de payer lors des visites, & tous les autres deniers généralement quelconques revenant bon à ladite Communauté, seront mis ès mains du Syndic, pour par lui payer les arrérages ou intérêts, & acquiter les autres charges de ladite Communauté, dont il sera tenu de compter à la fin de chacune année, en la manière & ainsi qu'il est porté par l'Arrêt de notre Cour de Parlement du 24 Janvier 1690 ; & si après lesdites charges acquittées il reste des deniers en ses mains, l'emploi en sera fait au remboursement du principal des rentes dans l'ordre qu'il est porté ci-dessus.

Article XI.

Tous les Actes de délibérations, brevets d'apprentifs & transport d'iceux, seront reçus par le Notaire de la Communauté & non autres, moyennant salaire comptant, tel qu'il sera réglé par le Lieutenant Général de Police, à peine de nullité & de cent livres au profit de la Communauté contre les Jurez qui contreviendront, le tout conformément à leurs Délibérations du 6 Juin 1699., & seront lesdits Actes signés de deux des Jurez & du Syndic, s'ils sçavent signer, sinon le Notaire en fera mention, & sera payé au Syndic pour chaque brevet d'apprentissage & transport, par l'Apprentif, quinze sols, comme à chacun des Jurez.

ARTICLE XII.

LES Maîtres ne pourront garder leurs Apprentifs à l'essai plus de quinze jours sans les obliger, à peine de vingt livres au profit de ladite Communauté, & des dommages & intérêts de l'Apprentif.

ARTICLE XIII.

NUL ne sera élu Juré, qu'il n'ait prêté au moins deux cens livres à ladite Communauté, dont lui sera passé Contrat de consttiution de rente au denier vingt.

ARTICLE XIV.

SERA loisible à tous ceux qui font des talons de bois de les apporter & vendre en notre bonne Ville de Paris, à la charge qu'ils ne pourront les vendre à d'autres qu'aux Maîtres Cordonniers & aux Maîtres Savetiers, chacun pour sa propre consommation; permettons néanmoins ausdits Maîtres Savetiers de se les remettre les uns aux autres pour le prix du premier achat.

ARTICLE XV.

FAISONS défenses à tous Maîtres de la Communauté des Savetiers d'injurier ni maltraiter en aucune maniére leurs Jurez & Syndic, à peine de six livres d'amende, qui sera aplicable à ladite Communauté, & de plus grande s'il y échet.

ET d'autant qu'il est du bien public que la Police de notre bonne Ville & des Faubourgs de Paris soit uniforme & observée également, permettons aux Jurez de ladite Communauté de faire quatre visites par an dans les maisons des Savetiers du Faubourg Saint Antoine, & autres lieux & endroits privilegiés de notredite Ville & Faubourgs, comme aussi de ceux qui exercent la profession à titre de privilége du Prévôt de notre Hôtel ou autrement; même en cas que lesdits Jurez ayent des avis de quelque contravention aux Reglemens de Police, à faire d'autres visites surabondantes au pardessus des quatre, en prenant sur ce la permission du Lieutenant Général de Police de notredite Ville. Ne pourront néanmoins lesdits Jurez prendre aucuns droits de visite desdits Savetiers à titre de privilége ni de ceux qui exercent la profession dans des lieux privilégiez, à moins que lesdits Savetiers à titre de privilége local ou personnel ne fussent aussi Maîtres de ladite Communauté. Voulons au surplus que les Statuts, Articles & Ordonnances de ladite Communauté des Maîtres Savetiers de notredite Ville & Faubourgs de Paris, arrêtés le vintiéme Janvier 1659, confirmés par nos Lettres Patentes du mois de Mars en ſuivant, qui ont été enregiſtrées en notre Parlement le vingtiéme du même mois, enſemble les Déclarations, Arrêts & Réglemens rendus en conſéquence en faveur de ladite Communauté, ſoient exécutés ſelon leur forme & teneur, en ce qu'ils ne ſeront contraires à ces Préſentes: Si donnons en mandemens à nos amés & féaux Conſeilles les Gens tenans notre Cour de Parlement, que ces Préſentes ils ayent à faire lire, publier & regiſtrer, & du contenu en icelles faire jouir & uſer les Maîtres Savetiers de notre bonne Ville & Fauxbourgs de Paris, ſelon leur forme & teneur; car tel eſt notre plaiſir. Donné à Marly le ſeptiéme jour d'Août, l'an de grace mil ſept cens trois, & de notre Regne le ſoixante uniéme. *Signé* LOUIS. *Et plus bas* : Par le Roi, PHELIPEAUX : Vû au Conſeil CHAMILLARD, *& ſcellé du grand Sceau de cire jaune.*

Enſuite eſt écrit : Pour duplicata, & pour nouvelle expédition conforme aux Lettres qui furent accordées le ſeptiéme Août 1703. *Signé* LOUIS.

Et plus bas : Par le Roi, M. P. DE VOYER d'ARGENSON

Enſuite eſt encore écrit : *Regiſtré & oui, ce conſentant le Procureur Général du Roi, pour jouir par les Impétrans & ceux qui leur ſuccéderont en ladite Communauté, de leur effet & contenu, & être éxécutées ſelon leur forme & teneur aux charges, clauſes & conditions portées par l'Arrêt de ce jour. A Paris en Parlement le 17 Août 1752.* Signé DUFRANC.

ARREST

DE LA COUR DU PARLEMENT,

QUI sans avoir égard aux oppositions des Syndic & Jurés de la Communauté des Maîtres Cordonniers, à l'enregistrement des Lettres Patentes du 7 Août 1703, accordées à la Communauté des Maîtres Savetiers, ordonne qu'il sera passé outre à l'enregistrement desdites Lettres, si faire se doit. Ordonne pareillement l'exécution des Sentences de Police du 27 Février 1739, qui ont déclaré bonnes & valables les Saisies faites par les Syndic & Jurés de ladite Communauté des Maîtres Savetiers, sur Jean Billouard & Charles Bardeau, Maîtres Cordonniers à Paris, le 22 du même mois.

Du 27 Juin 1751.

Extrait des Registres du Parlement.

LOUIS, PAR LA GRACE DE DIEU, ROY DE FRANCE ET DE NAVARRE : Au premier Huissier de notre Cour de Parlement, ou autres sur ce requis, SÇAVOIR faisons qu'entre les Syndics, Jurés en Charge, & Communauté des Maîtres Cordonniers de la Ville & Fauxbourgs de Paris, ayant pris le fait & cause de Jean Billouard l'aîné, Maître Cordonnier, ancien Syndic de la Communauté, & Charles Bardeau, aussi Maître Cordonnier à Paris, & lesdits Billouart & Bardeau, tous Appellans d'Ordonnance du Lieutenant de Police au Châtelet de Paris, Saisies faites en conséquence, & Sentences dudit Lieutenant de Police des dix & vingt-sept Fevrier mil sept cens trente-neuf, & Demandeur en Requête inserée en l'Arrêt de notredite Cour dudit jour 27 Fevrier 1739, d'une part; & les Syndic, Grands & Petits Jurés & Communauté des Maîtres Savetiers de Paris, Intimés, Défendeurs, d'autre; & entre les Syndic, Jurés en charge & Communauté des Maîtres Cordonniers de la Ville & Faubourgs de Paris, Demandeurs en Requête du 13 Mai 1742, d'une part; & lesd. Syndic, Grands & Petits Jurés & Communauté des Maîtres Savetiers, Défendeurs, d'autre; & entre les Syndic, Jurés, Corps & Communauté des Maîtres Savetiers de la Ville Faubourgs de Paris, Demandeurs en Requête du 12 Février 1705, d'une part; & les Syndic, Jurés en charge & Communauté des Maîtres Cordonniers de Paris, Défendeurs, d'autre; & entre lesdits Syndic & Communauté desd. Maîtres Savetiers, Demandeurs en Requête du 27 Août 1750, d'une part, & les Syndic, Jurés & Communauté desdits Maîtres Cordonniers Défendeurs, d'autre; & entre les-lesdits Syndic & Jurés desdits Maîtres Cordonniers, Demandeurs en Requête du 23 Decembre 1750, & Défendeurs, d'une part; & lesdits Syndic, Jurés & Communauté des Maîtres Savetiers, Défendeur & Demandeurs en Requête du 8 Janvier 1751, d'autre part; & entre lesd. Cordonniers, Demandeurs en Requête du 11 Fevrier 1751, & Défendeurs, d'une part; & lesdits Maîtres Savetiers, Défendeurs & Demandeurs en Requête du 19 Fevrier 1751 d'autre part; & entre lesdits Syndic & Jurés en charge de la Communauté des Maîtres Cordonniers de la Ville & Faubourgs de Paris, Demandeurs en Requête du premier Juillet mil sept cens cinquante-un, d'une part; & les Syndic

Jurés & Communauté des Maîtres Savetiers de la Ville & Faubourgs de Paris, Défendeurs, d'autre part. Vû par notredite Cour l'Ordonnance du Lieutenant General de Police du Châtelet de Paris du onze Fevrier 1739, dont est appel, étant au bas d'une Requête à lui presentée par les Syndic, Grands & Petits Jurés en charge & Communauté des Maîtres Savetiers de la Ville & Faubourgs de Paris, par laquelle auroit été permis ausdits Jurés & Communauté des Maîtres Savetiers, de faire transporter le Commissaire de Rochebrune, à l'effet d'être procedé en sa presence à la saisie & enlevement à leur Bureau des ouvrages & marchandises qui se trouveroient en contravention, & icelles mettre en bonne & sûre garde, dont seroient dressés Procès-verbaux avec Assignation aux contrevenans, en la Chambre de Police, & en cas de refus d'ouverture des portes, coffres & armoires, auroit été permis de les faire ouvrir par un Serrurier, en présence dudit Commissaire & deux voisins, en la maniere accoutumée. Les saisies faites en consequence le 21 du même mois de Fevrier 1739, dont est appel, faites à la requête des Syndic, grands & petits Jurés de la Communauté des Maîtres Savetiers, sur Charles Bardeau fils, Maître Cordonnier à Paris rue Bordet, & sur Jean Billouard, Maître Cordonnier à Paris, rue de la Barillerie, des effets y mentionnés, avec établissement de Gardien. Sentence du Châtelet de Paris le 27 Fevrier 1739, dont est appel, rendue au profit desdits Syndic, grands & petits Jurés en charge de la Communauté des Maitres Savetiers de la Ville & Faubourgs de Paris, Demandeurs d'une part, par défaut faute de comparoir, contre

contre ledit Jean Billouard, Maître Cordonnier à Paris, Défendeur, d'autre part; par laquelle auroit été ordonné que les Statuts de la Communauté des Maitres Savetiers, Sentences, Arrêts & Reglemens ſur ce intervenus ſeroient exécutés ſelon leur forme & teneur; défenſes auroient été faites audit Jean Billouard & & à tous autres Maîtres Cordonniers, de plus à l'avenir, entreprendre ſur le Métier & Profeſſion des Maîtres Savetiers; la ſaiſie faite ſur ledit Billouard auroit été déclarée bonne & valable; ordonné que les choſes ſaiſies ſeroient & demeureroient confiſquées au profit deſdits Jurez & Communauté des Savetiers, à la repréſentation, le Gardien contraint, quoi faiſant déchargé, ledit Billouard auroit été condamné en dix livres de dommages & interêts, & aux depens. Autre Sentence du Châtelet de Paris du 27 Fevrier 1759 dont eſt appel, rendue au profit deſdits Jurez & Communauté des Maîtres Savetiers, Demandeurs, d'une part, par défaut faute de comparoir, contre Charles Bardeau fils, Maître Cordonnier à Paris, Défendeur, d'autre part, par laquelle auroit été ordonné que les Statuts de la Communauté des Maîtres Savetiers, Sentences, Arrêts & Reglemens ſur ce intervenus, ſeroient executés ſelon leur forme & teneur; défenſes auroienr été faites audit Charles Bardeau fils, & à tous Maîtres Cordonniers, de plus à l'avenir entreprendre ſur le Métier & Profeſſion des Maîtres Savetiers, la ſaiſie faite ſur ledit Charles Bardeau fils auroient été déclarée bonne & valable, & ordonné que les choſes ſaiſies demeureroient confiſquées au profit deſdits Jurez & Communauté des Maîtres Savetiers, à la

L

représentation le Gardien contraint, quoi faisant déchargé ; & ledit Charles Bardeau auroit été condamné en dix livres de dommages intérêts & aux depens. Requête & Demande des Syndic, Jurez en charge, & Communauté des Maîtres Cordonniers de Paris, prenant le fait & cause de Billouard l'ainé, Maître Cordonnier, Ancien de ladite Communauté, & de Charles Bardeau, aussi Maître Cordonnier, & desdits Billouard & Bardeau, inserés en l'Arrêt de notredite Cour du 27 Fevrier 1739, à ce qu'entre autres choses il fût ordonné que les Statuts de la Communauté desdits Maîtres Cordonniers, regis-trés en notredite Cour les dix-huit Mars 1714, & Arrêts des 6 Septembre 1631, 24 Janvier 1675, Avis & Sentence de Police des vingt-sept Mars & deux Juin mil six cens soixante-seize, la Sentence du Châtelet du onze Mars mil six cens quatre-vingt-deux, & l'Arrêt confirmatif d'icelle du dix Fevrier mil six cens quatre-vingt-quatre, feroient exécut éselon leur forme & teneur ; & en conséquence main-levée fût faite ausdits Jurés & Communauté des Maîtres Cordonniers, des bottes & choses sur eux saisies à la requête desdits Savetiers, à la restitution des choses saisies les gardiens & depositaires contraints, même par corps. Fins de non-recevoir & défenses du onze Mars mil sept cent trente-neuf, fournis par lesdits Syndic, grands & petits Jurés de la Communauté des Maîtres Savetiers de Paris, contre ladite demande. Arrêt du vingt-quatre Mars mil sept cent trente-neuf, d'appointé au Conseil sur l'appel & sur la demande en droit & joint. Autre Arrêt du quatre Mai mil sept cent cinquante-deux, sur lequel notredite Cour auroit ordonné que ledit Arrêt d'appointé du vingt-quatre Mars mil sept cens trente-neuf, seroit reformé en ce que la Requête & Ordonnance du Lieutenant de Police du Châtelet de Paris du vingt Fevrier mil sept cens trente-neuf, y sont datées du dix dudit mois, & en ce que la saisie faite en consequence de ladite Ordonnance des vingt-un du même mois de Fevrier, y sont pareillement datées dudit jour dix Fevrier; en consequence auroit ordonné que ladite Requête & Ordonnance seroient & demeureroient datées dans ledit Arrêt d'appointement du vingt Fevrier mil sept cens trente-neuf, & lesdites saisies du vingt-un du même mois leurs véritables dates : dépens réservés : causes & moyens d'appel desdits Syndic, Jurés en Charge & Communauté des Maîtres Cordonniers de la Ville & Fauxbourgs de Paris, ayant pris & prenant le fait & cause de Jean Billouard l'aîné, aussi Maître Cordonnier, ancien Syndic, & de Charles Bardeau, aussi Maître Cordonnier, & desdits Billouard & Bardeau du vingt-trois Avril mil sept cens trente-neuf, servant aussi d'avertissement, & leur production en execution dudit Arrêt. Les Réponses desdits Syndic, Jurés en charge & Communauté des Maîtres Savetiers, du douze Decembre mil sept cens quarante, ausdites causes & moyens d'appels, servant aussi d'avertissement, & leur production en execution dudit Arrêt; lesdites Réponses à cause d'appel, servant aussi de contredits contre la production desdits Maîtres Cordonniers. Les contredits desdits Syndic, Jurés en charge & Communauté des Maîtres Cordonniers, esdits noms & qualités, du dix-neuf Fevrier mil sept cens quarante-deux, contre la production desdits Savetiers. Requête desdits Syndic, Jurés en charge, Corps & Communauté desdits Maîtres Savetiers, du 13 Août 1751, employée pour salvations auf-dits contredits de production. Les salvations desdits Jurés & Communauté des Maîtres Savetiers de Paris, du 8 Janvier 1752. Requête & demande desdits Syn-Cic, Jurés en charge & Communauté des Maîtres Cordonniers du 13 Mars 1742, à ce qu'il fût ordonné que les Statuts de la Communauté des Maîtres Cordonniers du 26 Mai 1574, registrés en notredite Cour le 18 Mars 1614, ensemble les Statuts de la Communauté des Maîtres Savetiers, & Arrêts de notredite Cour des 6 Septembre 1631, 24 Janvier 1675. Avis & Sentence de Police des 27 Mars & 2 Juin 1676, la Sentence du Châtelet du 11 Mars 1682, &, & l'Arrêt confirmatif d'icelle du 18 Février 1684, seroient exécutés selon leur forme & teneur; ce faisant, les appellations & ce dont est appel fussent mis au néant, émandant les saisies dont est question du 21 Février 1739, fussent déclarées nulles, injurieuses, tortionnaires & déraisonnables; il fût fait main-levée des bottes & autres choses saisies à la requête des Savetiers, à la restitution d'icelles tous gardiens & dépositaires contraints même par corps, quoi faisant déchargés; en conséquence, lesdits Billouard & Bardeau fussent déchargés des condamnations contr'eux prononcées par lesdites Sentences; défenses fussent faites ausdits Jurés-Prud'hommes Savetiers, conformément ausdits Statuts, d'aller en visite chez les Cordonniers, & d'entrer dans leurs boutiques, arriere-boutiques & chambres, ni de fouiller dans leurs maisons & panniers sous quelque prétexte que ce soit, sauf ausdits Jurés-Prud'hommes Savetiers à faire saisir en présence d'un Commissaire du Châtelet, & en allant & en venant devant les boutiques des Maîtres Cordonniers, & non autrement, les ouvrages qu'ils découvriroient en contravention aux termes des Statuts, & lesdits Savetiers fussent condamnés en tels dommages & intérêts qu'il plairoit à notredite Cour, pour raison des saisies par eux induement faites; & aux dépens des causes d'appel & demande, & même en ceux réservés; au bas de laquelle Requête aussi employée pour écritures & production sur ladite demande, est l'Ordonnance de notredite Cour qui la regle en droit & joint, & a donné acte de l'emploi. Deux Requêtes desdits Syndic, Jurés en charge, Corps & Communauté des Maîtres Savetiers, des 14 & 17 Août 1751, employées, l'une pour fins de non-recevoir & défenses contre ladite demande, ensemble pour avertissement, écritures & productions sur icelle, & l'autre pour contredits contre l'emploi de production des Cordonniers, en exécution de ladite Ordonnance. Production nouvelle desdits Syndic, Jurés & Communauté des Maîtres Cordonniers par Requête du 11 Décembre 1742, & les contredits contre icelle desdits Jurés & Communauté des Savetiers du 22 Août 1748, servant aussi de salvations. Production nouvelle desdits Syndic, Jurés en charge de la Communauté des Maîtres Savetiers, par Requête du vingt-neuf Août mil sept cens quarante-huit, sommation faite ausdits Maîtres Cordonniers de la contredire. Requête & demande desdits Syndic, Jurés en charge, Corps & Communauté des Maîtres Savetiers, du 11

Décembre 1748, à ce que notredite Cour feroit quant à présent quelque difficulté de confirmer purement & simplement les Ordonnance & Sentence de Police dont est appel, (ce que lesdits Syndic, Jurés & Communauté des Maîtres Savetiers n'estimoient pas,) en ce cas il fût ordonné qu'avant faire droit sur l'appel desdites Sentence & Ordonnance de Police, que les Arrêts de notredite Cour des 14 Juin 1704 & 5 Mai 1705, seroient exécutés selon leur forme & teneur; en conséquence, que le Lieutenant Général de Police & le Substitut de notre Procureur Général au Châtelet de Paris donneroient incessamment leur avis sur les articles de Reglement portés par Lettres Patentes du 17 Août 1703; ensemble sur l'opposition formée de la part des Maîtres Cordonniers, à l'enregistrement des Articles I. & XIV. desdites Lettres Patentes, à l'effet de quoi ils seroient tenus, dans tel délai qu'il plairoit à notredite Cour fixer, de communiquer ausdits Officiers du Châtelet les moyens d'opposition, pour ledit avis fait, rapporté & communiqué à notre Procureur Général, être procédé en notredite Cour à l'enregistrement desdites Lettres Patentes, & être ensuite statué diffinitivement sur l'appel desdites Ordonnance & Sentence de Police dont est question; au bas de laquelle Requête est l'Ordonnance de notredite Cour, qui a reservé à faire droit sur ladite demande en jugeant l'opposition du 16 Octobre 1703, formée par les Jurés & Communauté des Maîtres Cordonniers entre les mains de notre Procureur Général, à l'enregistrement des Lettres Patentes obtenues par lesdits Maîtres Savetiers le 7 Août 1703. Requête & demande de la Communauté des Maîtres Savetiers de la Ville & Fauxbourgs de

Paris du 12 Février 1705. à ce que ſans avoir égard aux oppoſitions formées par les Maîtres Cordonniers de cette Ville à l'enregiſtrement des Articles I. & XIV. des Lettres Patentes accordées auſdits Maîtres Savetiers par Nous, tant entre les mains de notre Procureur Général, qu'en celles deſdits Maîtres Savetiers, dont ils ſeroient déboutés, il fût ordonné que leſdites Lettres Patentes ſeroient enregiſtrées purement & ſimplement; & où notredite Cour feroit quelque difficulté d'ordonner quant à préſent ledit enregiſtrement, il fût ordonné que conformement à l'Arrêt de notredite Cour du quatorze Juin 1704, leſdites Lettres Patentes ſeroient communiquées au Lieutenant Général de Police & au Subſtitut de notre Procureur Général au Châtelet de Paris, pour donner leur avis tant ſur ledit enregiſtrement que ſur leſdites oppoſitions, pour ce fait communiqué à notre Procureur Général, être ordonné ce que de raiſon, & en cas de conteſtation leſdits Maîtres Cordonniers fuſſent condamnés aux dépens. Arrêt du 15 Mai 1705, rendu entre leſdites Parties, par lequel notredite Cour avant faire droit ſur ladite demande, auroit ordonné que l'Arrêt du 14 Juin 1704 ſeroit exécuté, & en conſequence que dans un mois pour tout délai le Lieutenant de Police & le Subſtitut de notre Procureur Général au Châtelet donneroient leur avis ſur l'oppoſition formée à l'enregiſtrement des Lettres Patentes accordées auſdits Savetiers, dépens réſervés. L'Avis du 4 Août 1750, donné par le Lieutenant Général de Police & le Subſtitut dudit Procureur Général au Châtelet de Paris, en exécution dudit Arrêt & de celui du 14 Juin 1704, par lequel ils étoient d'avis, ſous le bon plaiſir de notredite Cour, que les Lettres Patentes obtenues par la Communauté des Savetiers pouvoient être enregiſtrées ſans aucun inconvénient, pour être exécutées ſelon leur forme & teneur. Requête & demande deſdits Syndic, Jurés en charge Corps & Communauté des Maîtres Savetiers de la Ville, Faubourgs & Banlieue de Paris du 27 Août 1750, à ce qu'en conſéquence de l'avis du Lieutenant Général de Police & de notre Subſtitut du Procureur Général au Châtelet de Paris, donné en execution des Arrêts de notredite Cour des 14 Juin 1704, 15 Mai 1705 & 4 Août 1750, ſur les Lettres Patentes en forme de Déclaration accordées par Nous auſdits Maîtres Savetiers le 7 Août 1703, ſans avoir égard aux fins de non-recevoir oppoſées par la Communauté des Cordonniers, ni à leur Requête du 8 Mai 1750, & à l'oppoſition par eux formée à l'enregiſtrement des Articles I. & XIV. du Reglement porté auſdites Lettres Patentes, dans leſquelles ils ſeroient declarés non-recevables, ou dont en tout cas ils ſeroient deboutés, il fût ordonné qu'elles ſeroient enregiſtrées purement & ſimplement pour être executées ſelon leur forme & teneur; & ladite Communauté des Maîtres Cordonniers fût condamnée en tous les dépens, même en ceux reſervés par l'Arrêt de notredite Cour du 15 Mai 1705, & encore au coût des Procès verbaux faits en l'Hôtel du Subſtitut de notre Procureur General au Châtelet de Paris. Requête & demande deſdits Syndic, Jurés & Communauté des Maîtres Cordonniers, du 23 Decembre 1750, à ce que ſans s'arrêter à la Requête deſdits Savetiers du 27 Août précédent, dont ils ſeroient deboutées, toute la procédure procedure faite par les Savetiers pour parvenir à l'enregistrement des Lettres Patentes qu'ils prétendoient avoir obtenues le 7 Août 1703, non-renouvellées ni confirmées par Nous par de nouveaux articles de Statuts par eux présentés à notre Conseil, fût déclarée prescrite & plus que périe par le laps de tems de quarante-quatre années sans aucunes poursuites, en consequence lesdits Jurés Cordonniers, fussent déchargés de l'assignation & demande desdits Savetiers faite par Requête & exploit du 13 Avril 1750, dans lesquels ils seroient en tout cas declarés non-recevables; l'Avis du Lieutenant de Police & du Substitut de notre Procureur Genéral au Châtelet du 4 Août 1750 fût pareillement declaré nul, & lesdits Savetiers fussent condamnés aux depens. Requête & demande desdits Syndic, Jurés & Communauté des Maîtres Savetiers, du 8 Janvier 1751, à ce que sans s'arrêter ni avoir égard à la Requête & demande des Cordonniers du 23 Decembre 1740, non-plus qu'aux oppositions par eux formées entre les mains de notre Procureur General les 16 Octobre 1703, 19 Juin 1747, & 27 Fevrier 1750, à ce qu'il ne fût procedé à l'enregistrement d'aucunes Lettres Patentes pour la Communauté des Maîtres Savetiers, dans lesquelles lesdits Cordonniers seront déclarés non-recevables, & dont en tout cas ils seroient deboutés, ainsi que des moyens de nullité, & des fins de non-recevoir par eux proposées par leurdite Requête, il fût adjugé ausdits Maîtres Savetiers les fins & conclusions portées en leur Requête du vingt-sept Août 1750, & ladite Communauté des Maîtres Cordonniers fût condamnée aux depens. Requête & demande desdits Jurés & Communauté des Maîtres Cordonniers du 11 Fevrier 1751, à ce que sans s'arrêter à la nouvelle Requête desdits Savetiers, dans laquelle ils seroient declarés non-recevables, il fût ordonné que les Parties feroient diligence de faire juger l'Instance, en consequence toute procédure par eux faite, les demandes formées & l'Avis obtenu des Officiers de Police par les Maîtres Savetiers au préjudice des demandes formées en l'Instance, fussent déclarés nuls, les autres conclusions precedemment prises par lesdits Cordonniers leurs fussent adjugées, & lesdits Maîtres Savetiers fussent condamnés aux depens. Requête & demande desdits Jurés & Communauté des Maîtres Savetiers, du dix-neuf Fevrier mil sept cens cinquante-un, à ce que sans s'arrêter à la demande desdits Cordonniers du onze dudit mois de Fevrier, dans laquelle ils seroient declarés non-recevables, ou dont ils seroient deboutés, il fût adjugé ausdits Savetiers les conclusions par eux prises, avec depens. Arrêt de notredite Cour du 27 Mars 1751, contradictoirement rendu entre lesdites Parties, sur lesdites demandes & sur les conclusions de notre Procureur General du Roi, par lequel les Syndic, Jurés & Communauté des Maîtres Cordonniers auroient été deboutés de leurs demandes en peremption & prescription & en nullité de procédures, & pour faire droit sur les oppositions desdits Maîtres Cordonniers à l'enregistrement des Lettres Patentes & Statuts de la Communauté des Maîtres Savetiers, ensemble sur la demande desdits Syndic, Jurez & Communauté des Maîtres Savetiers, à fin d'enregistrement desdites Lettres Patentes & Statuts, lesdites Parties auroient été appointées en droit & joint à ladite Instance, lesdits Syndic, Jurez & Communauté des Maîtres Cordonniers auroient été condamnés en la moitié des depens de l'incident, l'autre moitié reservée. Avertissement desdits Syndic, Jurez en charge, Corps & Communauté des Maîtres Savetiers du dix-9 Avril 1751, servant aussi de fins de non-recevoir. Productions des Parties, en exécution dudit Arrêt. Les salvations desdits Syndic, Jurez & Communauté des Maîtres Cordonniers du seize Decembre mil sept cens quarante-un. Requête & Demande desdits Syndic & Jurez en charge de la Communauté des Maîtres Cordonniers du premier Juillet mil sept cens cinquante-un, à ce que faisant droit sur leurs oppositions, sans avoir égard au Duplicata que les Maîtres Savetiers de Paris s'étoient fait expédier des Lettres Patentes datées du sept Août 1703, sur les Articles de Reglement par eux présentés au Conseil du feu Roy LOUIS XIV. lequel seroit déclaré de nul effet, faute par lesdits Savetiers de rapporter des Lettres Patentes sur leurs Articles de Reglement duement confirmées & renouvellées par Nous, lesdits Maîtres Savetiers fussent declarés non-recevables dans leur demande à fin de faire ordonner qu'il seroit passé outre avec lesdits Maîtres Cordonniers à l'enregistrement dudit Duplicata, sauf ausdits Maîtres Savetiers à se pourvoir autrement & ainsi qu'il appartiendra, requérant à cet effet la jonction de notre Procureur Général & où notredite Cour y feroit quelque difficulté, ce qu'il n'y auroit pas lieu de présumer ; en ce cas faisant droit sur l'opposition desdits Syndic, Jurez en charge & Communauté des

Maîtres Cordonniers de Paris à l'Article I. desdits Reglemens demandés par lesdits Maîtres Savetiers, & sur lesquels ils avoient obtenu les Lettres Patentes de mil sept cens trois, non rapportées, il fût ordonné que les Statuts des deux Communautés, duement enregistrées en notredite Cour, les Sentences de Police, Arrêts & Reglemens de notredite Cour des trois Mars 1612, six Septembre 1631, vingt-quatre Janvier 1675, deux Juin 1676, quatorze Mars 1682, dix Fevrier 1684, intervenus entre ces deux Communautés, comme aussi les Sentences de la Prévôté de l'Hôtel des premier de Septembre 1674, quatorze Septembre 1740, & Arrêts confirmatifs du Grand-Conseil de la seconde desdites Sentences, du treize Juin mil sept cens quarante-un, & de notre Déclaration du quatorze Août mil sept cens trois, enregistrée en notredite Cour le quatre Septembre mil sept cens cinq, portant confirmation desdits Statuts, Arrêts & Reglemens de la Communauté des Maîtres Cordonniers de Paris, seroient exécutés selon leur forme & teneur; en consequence lesdits Syndic, Jurés en charge de la Communauté des Maîtres Cordonniers fussent reçus opposans audit Article I. en ce que lesdits Jurés des Maîtres Savetiers s'y sont fait accorder un droit de visite chez les Cordonniers, défenses fussent faites ausdits Jurez Savetiers, conformement ausdites Sentences & Arrêts susdatés, & aux Articles VIII. & XL. des Statuts des deux Communautés, de faire & entreprendre aucune visite chez les Maîtres Cordonniers, sauf ausdits Jurez Savetiers, en cas de contravention de la part d'aucuns Cordonniers qui feroient des ouvrages de la Profeſſion des Savetiers, à ſe pourvoir par voie de ſaiſie ſur leſdits ouvrages vieux travaillés en contravention, en obſervant les formalités preſcrites par leſdits Reglemens & portés par l'Ordonnance; & en l'un & l'autre cas, leſdits Maîtres Savetiers fuſſent condamnés en tous les dépens, même en ceux réſervés; & au ſurplus, il fût adjugé auſdits Maîtres Cordonniers les concluſions précédemment priſes, ſauf à eux à augmenter aux chefs de leurs oppoſitions, & ſauf d'autres droits & concluſions, au bas de laquelle Requête auſſi employée pour avertiſſement, écritures & productions ſur ladite demande, eſt l'Ordonnance de notredite Cour qui l'a reglée en droit & joint & donné acte de l'emploi. Deux Requêtes deſdits Syndic, Jurez & Communauté des Maîtres Savetiers des trois & cinq Août 1751, employées l'une pour fins de non-recevoir & défenſes contre ladite demande, enſemble pour avertiſſement, écritures & production ſur icelle; & l'autre pour contredits contre l'emploi de production deſdits Cordonniers, en exécution de ladite Ordonnance. Additions de Réponſes deſdits Syndic, Jurez & Communauté des Maîtres Savetiers du 25 Avril 1752, aux cauſes & moyens d'appel deſdits Cordonniers; leſdites Additions de Réponſes à cauſe d'appel ſervant auſſi d'avertiſſement & de contredits contre les productions & production nouvelle deſdits Maîtres Cordonniers. Requête & demande deſdits Syndic, Jurés & Communauté Maîtres Savetiers de la Ville de Paris du 30 Mai 1752, à ce qu'en leur adjugeant les concluſions par eux priſes, les Maîtres Cordonniers & leſdits Billouard & Bardeau fuſſent condamnés aux dépens reſervés par les Arrêts de notredite Cour du 4 dudit mois de Mai, ſauf d'autres droits & concluſions, au bas de laquelle Requête eſt l'Ordonnance de notredite Cour qui a donné acte de l'emploi & reſervé d'y faire droit en jugeant. Le Mémoire imprimé de la Communauté des Maîtres Savetiers de Paris, ſignifié le 5 préſent mois. Sommations générales de ſatisfaire à tous les Reglemens de l'Inſtance. Concluſions de notre Procureur Général, tout joint & conſidéré. NOTREDITE COUR faiſant droit ſur le tout, ſans s'arrêter aux oppoſitions formées par les Syndic & Jurés en charge de la Communauté des Maîtres Cordonniers de Paris, à l'enregiſtrement des Letttres Patentes du 7 Août 1703, obtenues par la Communauté des Maîtres Savetiers de Paris, ordonne qu'il ſera paſſé outre à l'enregiſtrement des Lettres Patentes, ſi faire ſe doit, à la charge que les Savetiers ne pourront faire viſite chez les Cordonniers, qu'après avoir obtenu du Lieutenant de Police la permiſſion de faire la viſite chez les Cordonniers en contravention ou ſoupçonnés d'y être, en ſe faiſant aſſiſter d'un Commiſſaire; Et ſur les appels interjettés par leſdits Syndic, Jurez en charge & Communauté des Cordonniers, comme ayant pris le fait & cauſe de Jean Billouard & Charles Bardeau, de l'Ordonnance du Lieutenant de Police, & ſaiſies faites en conſéquence des vingt & vingt-un Fevrier 1739, & des Sentences du Châtelet du 27 des mêmes mois & an, ſans s'arrêter à leurs demandes concernant leſdits appels, a mis & met les appellations au néant: ordonne que ce dont a été appellé ſortira ſon plein & entier effet; les condamne en l'amende de douze livres: Sur le ſurplus des demandes, fins & concluſions, met les

Parties hors de Cour : Condamne lesdits Syndic, Jurés en Charge & Communauté des Maîtres Cordonniers en tous les dépens des causes principales, d'appels, oppositions & demandes envers ladite Communauté des Maîtres Savetiers, même en ceux réservés par les précédens Arrêts, & au coût des Procès-verbaux. Mandons à notre premier Huissier ou autre, de mettre le présent Arrêt à exécution ; de ce faire, te donnons pouvoir. DONNÉ en Parlement le vingt-sept Juin l'An de grace mil sept cens cinquante-deux, & de notre Regne le trente-septiéme. Collationné, *signé* REGNARD. Par la Chambre, *signé* DU FRANC. Scellé le six Septembre mil sept cens cinquante-deux, *signé* GAUTIER.

Le dix Juillet mil sept cens cinquante-deux, signifié baillé Copie à Me Regnard, Procureur, en son domicile, parlant à son Clerc, par Nous Huissier au Parlement soussigné. Signé *FIN.*

ARREST
DE LA COUR DU PARLEMENT,

Qui ordonne que les Lettres Patentes accordées par le Roi à la Communauté des Maîtres Savetiers le 7 Août 1703, seront enregistrées au Greffe d'icelles, pour jouir par les Impétrans, & ceux qui leur succederont en leur Communauté, de leur effet & contenu, & être exécutées selon leur forme & teneur.

Du 17 Août 1752.

Extrait des Registres de Parlement.

VU par la Cour les Lettres Patentes du Roi données à Marly le 7 Août 1703 délivrées par *duplicata*, signées LOUIS, & plus bas, par le Roi, de Voyer d'Argenson, & scellées du grand Sceau de cire jaune, obtenues par les Jurez, Corps & Communauté des Maîtres Savetiers de Paris, par lesquelles, pour les causes y contenues le Seigneur Roi auroit maintenu & confirmé les Impetrans dans l'héredité de leurs Offices de Jurez, Syndics & d'Auditeurs de leurs comptes, dont il leur auroit ci-devant accordé la réunion, & auroit uni & incorporé à ladite Communauté l'Office de Tresorier, Receveur & Payeur de leurs deniers communs, créé par Edit du mois de Juillet 1702, pour jouir par eux des droits, privileges & exemptions y attribuez,

attribuez, & en outre de deux cens quatre-vingts-cinq livres de gages actuels & effectifs par chacun an; à commencer du premier Janvier 1703, sans que pour raison dudit Office ils soient tenus de prendre aucunes Lettres de provision, ni qu'ils soient tenus ci-après d'aucunes taxes de confirmation d'héredité, dont ledit Seigneur Roi les déclare exempts, à la charge de payer par eux, tant pour ladite confirmation d'héredité des Offices de Syndic & d'Auditeur que pour ledit Office de Tresorier, la somme de quinze mille quatre cens cinquante-cinq livres de principal sur les quittances du Receveur des deniers casuels, & en attendant l'expédition sur les Recepissés de Jean Garnier, que ledit Seigneur Roi auroit chargé de ce recouvrement, ou de ses Procureurs ou Commis, portant promesse de les fournir, & quinze cens quarante-cinq livres dix sols pour les deux sols pour livre sur les quittances dudit Garnier, lesdites deux sommes ensemble faisant celle de dix-sept mille livres dix sols, payables dans les termes portés au Jugement du Conseil du 27 Fevrier de la même année 1703, à l'effet de quoi auroit permis aux Jurez & Syndic de la Communauté, lors en charge, d'emprunter ou d'imposer sur tous les Maîtres de ladite Communauté, même sur les Privilegiés de leur profession par forme de prêt le plus équitablement que faire se pourroit, lesdites sommes de dix-sept mille livres dix sols, & celle de cinq cens livres pour fournir à la dépense desdits emprunts, suivant l'état de contribution qui en seroit arrêté par lesd. Jurez & Syndic, & visé par le Sr d'Argenson, lors Lieutenant géneral de Police de la Ville de Paris, lequel état led. Seigneur Roi entend être exé-

N

cuté ſuivant ſa forme & teneur, & les dénommés en icelui contraints au payement des ſommes pour leſquelles ils y ſeront employés par les voyes, & ainſi qu'il eſt accoutumé pour les deniers & affaires dudit Seigneur Roi, voulant que ceux qui prêteront ayent privilege & hypoteque ſpecial ſur leſdits gages & droits attribués audit Office de Treſorier, comme auſſi ſur les deniers qui ſeront levés par augmentation en conſéquence des Préſentes Lettres, & generalement ſur tous les biens, effets & revenus de ladite Communauté, & que les arrerages leur en ſeroient payés d'année en année à raiſon du denier vingt; & pour donner moyen à ladite Communauté, non-ſeulement de payer annuellement les arrerages ou interêts, mais encore d'acquitter de tems à autres quelques choſes ſur le principal, enſorte qu'elle ſoit liberée le plus promptement qu'il ſera poſſible; comme auſſi pour maintenir la diſcipline qui doit être entre eux, & empêcher les entrepriſes qui ſe font ſur leur profeſſion, led. Seigneur Roi auroit dit, ſtatué & ordonné, veut & lui plaît ce qui ſuit. Article premier: Qu'il ſoit premis aux Jurés de lad. Communauté, de faire reciproquement chez les Cordonniers, comme les Cordonniers font chez les Impetrans la viſite, à la charge d'obtenir la permiſſion du Lieutenant Général de Police, & de ſe faire aſſiſter d'un Commiſſaire au Châtelet, ſans que pour raiſon de ladite viſite ils puiſſent prétendre aucuns droits. Article deuxiéme: Que leſdits Jurez Savetiers pourront auſſi ſaiſir les Marchandiſes de leur Métier, qui pourront être vendues ou expoſées en vente par les Soldats Invalides, ou autres, & par toutes ſortes de perſonnes qui ne ſont point du métier, ſoit en boutiques ou par les rues & Marchés de la Ville & Faubourgs de Paris, ſans néanmoins ôter la liberté aux Soldats Invalides de travailler dans l'Hôtel, pourvû que ce ſoit pour les perſonnes dudit Hôtel, & non pour le public. Article troiſiéme. Que les Aſpirans du rang des huit qui doivent être reçus Maîtres tous les ans, ſuivant les anciens Reglemens, payeront chacun deux cens livres pour tous frais de reception à la Maîtriſe, au lieu de cent quatre-vingts livres qu'ils payoient ci-devant, dans laquelle ſomme ſeront compris les droits des Jurez, des Anciens, & même ceux du Subſtitut du Procureur Général du Roi au Châtelet, ceux de la Confrerie & autres. Article quatriéme. Auroit permis à ladite Communauté, outre les quatre Maîtres ſurnumeraires qu'elle a droit de recevoir par chacun an, ſuivant le Jugement du Conſeil du 3 Juillet 1691, d'en recevoir encore quatre autres ſurnumeraires auſſi par chacun an. leſquels payeront pour reception deux cens dix livres de net à ladite Communauté, y compris le droit Royal, outre les frais de Lettres, & des Jurez & Syndic, ſans qu'ils ſoient tenus de payer aucuns droits de Confrerie pour leur reception, ſans préjudice de ceux qui ſe payent annuellement; Et ledit Seigneur Roi pour donner des marques de ſa protection à Jacques Lambert, nouvellement converti à la Religion Catholique, Apoſtolique & Romaine, auroit ordonné aux Jurez & Syndic en charge de ladite Communauté des Impetrans, de le recevoir quoique ſans qualité, en leur payant ſeulement la ſomme de cent cinquante livres pour tous droits, tant de Juſtice que de Syndic & Jurez, ſans néanmoins tirer à conſéquence pour tous les autres qui pourroient être reçus Maîtres ſans qualité, leſquels ſeront tenus de payer chacun la ſomme de trois cens cinquante livres. Article cinquiéme. Qu'il ſera payé par les Apprentis à ladite Communauté pour chaque Brevet d'apprentiſſage ou tranſport, quarante ſols, au lieu de vingt ſols qu'ils payoient ci devant, outre les droits de Jurez & Syndic de la Confrerie. Article ſixiéme. Que les Maîtres qui voudront être exempts de la petite Jurande, ſeront obligés de donner en pur don à ladite Communauté la ſomme de cent liv. & ceux qui voudront être exempts du Syndicat cent cinquante livres. Article ſeptiéme. Que s'il ſe préſente un Compagnon qui épouſe une fille ou veuve de Maître, il ſera reçu Maître, en payant pareille ſomme que payent ceux du rang des huit, & ſera reçu de la même maniere; & s'il ſe préſente des Compagnons qui ne ſoient point apprentis de Paris, & qui n'épouſent point des filles ou veuves de Maîtres, ils ſeront reçus Maîtres comme ſurnumeraires, en payant trois cens dix livres de net à la Communauté, outre les frais de Lettres & les droits des Jurez & des Syndic, au lieu de quatre cens liv. à quoi la reception avoit été fixée pour les Compagnons de ladite qualité, & au moyen de leurs receptions le nombre des ſurnumeraires ſera cenſé rempli. Article huitiéme. Que ceux qui auront prêté à l'occaſion des préſentes Lettres ou dudit Jugement du 27 Fevrier dernier, ſeront rembourſés avant les autres Créanciers par Contrat de conſtitution de rente, & ſuivant l'ordre de leur prêt, après leſquels rembourſemens, tant des ſommes principales, que des arrerages ou interêts échus, la faculté accordée ci-deſſus de recevoir quatre nouveaux ſurnumeraires ſera éteinte & abolie, & tous les autres droits accordés par augmentation portés par ceſdites préſentes Lettres, éteints & ſupprimés. Article neuvieme. Et pour d'autant plus aſſurer le payement deſdits arrerages ou interêts, veut ledit Seigneur Roi, conformément à la déliberation priſe en l'Aſſemblée de lad. Communauté le 6 Juillet de l'année lors preſente, qu'il ſoit fait par chacun an, à compter du premier Octobre prochain, quatre viſites chez tous les Maîtres & veuves de Maîtres, chacun deſquels, tant les veuves que les Maîtres, payeront cinq ſols pour viſite, qui font vingt ſols par an, leſquels ſeront reçus par leſdits Jurez ſur les quittances du Syndic; & auront leſdits Jurez & Syndic pour leurs peines & vacations, chacun quinze livres par an, revenans à ſoixante quinze livres, & ſera auſſi payé au Clerc de ladite Communauté le même droit qu'il recevoit ci-devant, & le ſurplus deſdits deniers employé premierement au payement des arrerages & interêts, & enſuite au rembourſement des principaux, après lequel leſdits Maîtres & veuves des Maîtres seront déchargés deſdits vingt ſols par an. Article dixiéme. Que tous les deniers qui procederont de la reception des Maîtres, des apprentifs, des vingt ſols que chaque Maître ou veuve de Maître, ſeront tenus de payer lors des viſites, & tous autres deniers generalement quelconques, revenans bons à ladite Communauté, ſeront mis ès mains du Syndic, pour par lui payer les arrerages ou interêts, & acquitter les autres charges de ladite Communauté, dont ils ſeront tenus de compter à la fin de chacune année, en la maniere & auſſi qu'il eſt porté par l'Arrêt de notredite

Cour, du 24 Janvier 1690 ; & ſi après leſdites charges acquittées il reſte des deniers en ſes mains, l'emploi en ſera fait au rembourſement du principal des rentes dans l'ordre qu'il eſt porté ci deſſus. Article onziéme. Que tous les Actes de Déliberations, Brevets d'Apprentis & tranſports d'iceux, ſeront reçus par le Notaire de ladite Communauté, & non autre, moyennant ſalaire comptant, tel qu'il ſera reglé par le Lieutenant General de Police, à peine de nullité & de cent livres au profit de ladite Communauté contre les Jurez qui contreviendront, le tout conformément à leur Déliberation du 16 Juin 1699, & ſeront leſdits Actes ſignés de deux des Jurez, & du Syndic s'ils ſçavent ſigner, ſi-non le Notaire en fera mention, & ſera payé au Syndic pour chaque Brevet d'apprentiſſage & tranſports par l'Apprenti quinze ſols, comme à chacun des Jurez. Article douziéme. Que les Maîtres ne pourront garder les Apprentis à l'eſſai plus de quinze jours, à peine de vingt livres au profit de ladite Communauté, & des dommages & interêts de l'apprenti. Article treiziéme. Que nul ne ſera élû Juré qu'il n'ait prêté au moins deux cens livres à ladite Communauté, dont lui ſera paſſé Contrat de conſtitution de rente au denier vingt. Article quatorze. Qu'il ſera loiſible à tous ceux qui font des talons de bois, de les apporter à vendre dans la Ville de Paris, à la charge qu'ils ne pourront les vendre à d'autres qu'aux Maîtres Cordonniers & aux Impetrans, chacun pour ſa propre conſommation, permettant néanmoins aux Maîtres Savetiers de ſe les remettre les uns aux autres pour le prix du premier achat. Article quinziéme. Fait défenſes ledit Seigneur Roi à tous Maîtres de ladite Communauté des Impetrans, d'injurier ni maltraiter en aucune maniere leurs Jurez & Syndic, à peine de six livres d'amende qui sera applicable à ladite Communauté, & de plus grande s'il y échet ; Et d'autant qu'il est du bien public que la Police de la Ville & Faubourgs de Paris soit uniforme & observée également, auroit permis ledit Seigneur Roi aux Jurez de ladite Communauté de faire quatre visites par an dans les maisons des Savetiers du Faubourg Saint Antoine, & autres lieux & endroits privilegiés de ladite Ville & Faubourgs de Paris, comme aussi de ceux qui exercent la profession à titre de privilege du Prévôt de l'Hôtel ou autrement, même en cas que lesdits Jurez ayent des avis de quelques contraventions aux Reglemens de Police, de faire d'autres visites surabondantes au pardessus des quatre, en prenant sur ce la permission du Lieutenant General de Police de la Ville ; ne pourront néanmoins lesdits Jurez prendre aucuns droits de visite desd. Savetiers à titre de privilege, ni de ceux qui exercent la profession dans les lieux privilegiés, à moins que lesd. Savetiers à titre de privilege local ou personnel ne fussent aussi Maîtres de ladite Communauté. Veut au surplus ledit Seigneur Roi, que les Statuts, Articles & Ordonnances de lad. Communauté desdits Impetrans, arrêtés le vingt Janvier mil six cens cinquante confirmés par Lettres Patentes du mois de Mars suivant, qui ont été registrés en notredite Cour le 20 du même mois, ensemble les Déclarations, Arrêts & Reglemens rendus en conséquence en faveur de ladite Communauté, soient exécutés selon leur forme & teneur en ce qu'ils ne seront contraires aux Présentes, ainſi que plus au long le contiennent leſdites Lettres Patentes, à la Cour adreſſantes. Un Arrêt de la Cour du 14 Juin 1704, rendu ſur les Concluſions du Procureur Général du Roy, par lequel avant de proceder à l'enregiſtrement deſdites Lettres Elle auroit ordonné qu'elles ſeroient communiquées au Lieutenant Général de Police & au Subſtitut du Procureur Géneral du Roi au Châtelet de Paris, pour donner leur avis ſur icelle, pour ce fait rapporté & communiqué au Procureur Géneral du Roi, être ordonné ce que de raiſon; un Acte du 4 Août 1750, par lequel le Lieutenant Géneral de Police de cette Ville & le Subſtitut du Procureur Géneral du Roi audit Châtelet, obſervent à la Cour que par la négligence des Jurez de ladite Communauté des Impétrans, qui étoient alors, & qui ont été depuis en charge & juſques à preſent, leſdites Lettres Patentes & Arrêts n'étant pas parvenus à la connoiſſance de leur prédéceſſeurs ni à la leur, il n'a pas été poſſible aux uns ni aux autres de ſatisfaire auſdits Arrêts, & s'expliquer ſur les diſpoſitions deſdites Lettres Patentes; que par l'examen qu'ils en ont fait ils ont reconnu que ce Réglement rédigé en quinze articles renferme pluſieurs diſpoſitions très-avantageuſes à la Communauté des Impétrans & très-propres à y établir la Police; qu'il ne leur a paru même devoir être ſuſceptible d'aucune oppoſition de la part de la Communauté des Cordonniers, qui prétendent être en droit de faire leurs repreſentations ſur ce que par l'article premier deſdits Réglemens il eſt permis aux Jurez de la Communauté des Impétrans de faire des viſites chez les Cordonniers, comme ceux-ci en font

font chez les Impétrans, mais que cette oppoſition pourra paroitre mal fondée & ne mériter aucune attention, lorſqu'on aura égard à la juſtice qu'il y a, attendu la relation intime de ces deux Communautés, d'accorder aux Impétrans le droit de veiller aux entrepriſes que les Cordonniers peuvent faire ſur leur profeſſion ; que c'eſt ce que les Impétrans ne pourroient être en état d'exécuter s'il ne leur étoit permis d'aller en viſite chez les Cordonniers ; que d'ailleurs le Reglement a pourvû aux inconvéniens qui pourroient réſulter de ces viſites trop fréquentes des Impétrans chez les Cordonniers & des abus qui en pouroient naître, puiſqu'aux termes de cet article les Impétrans n'auront pas eu de liberté indéfinie ni d'aller quand il leur plaira, & qu'ils ne le pourront qu'après avoir obtenu la permiſſion du Lieutenant Géneral de Police, en ſe faiſant aſſiſter d'un Commiſſaire ; qu'il eſt même ajouté qu'ils ne pourront pour ces ſortes de viſites prendre aucuns droits ; qu'ainſi la diſpoſition de cet article bien entendu ne leur paroit être contraire, ni aux droits de ladite Communauté des Cordonniers, ni aux Reglemens rendus en leur faveur ; que par ces conſiderations leur avis eſt, ſous le bon plaiſir de la Cour, que leſdites Lettres Patentes peuvent être enregiſtrées ſans aucun inconvénient pour être exécutées ſelon leur forme & teneur ; Une oppoſition faite entre les mains du Procureur Général du Roi à l'enregiſtrement deſdites Lettres Patentes par les Syndic & Jurez lors en charge de la Communauté des Maîtres Cordonniers de cette Ville, Fauxbourgs & Banlieue de Paris, ſignifiée par Haulx Huiſſier en la Cour le 26 Octobre

Q

1703, en ce que lesdites Lettres ou nouveaux Statuts surpris par les Impétrans, peuvent faire préjudice à la Communauté des Maîtres Cordonniers, & se trouveront contraires aux anciens Arrêts & Reglemens rendus entre lesdites Communautés, & pour les causes & moyens que lesdits Syndic & Jurez de la Communauté des Cordonniers expliqueront lorsqu'ils auront eu communication & copie desdites Lettres Patentes & nouveaux Statuts, laquelle communication & copie ils requiérent avant toutes choses, protestant de nullité de tout ce qui pourroit être fait au préjudice des présentes. Un Arrest de la Cour du 15 May 1705 rendu entre les Syndic Jurez en charge de la Communauté des Impétrans, Demandeurs en Requête du 15 Février dernier & Défendeurs d'une part; & les Syndic Jurez en charge & Communauté des Maîtres Cordonniers de Paris Défendeurs & Demandeurs en Requête du 26 dudit mois de Février à fin d'opposition à l'Arrest de ladite Cour du 17 dudit mois, d'autre part, par lequel la Cour auroit ordonné avant faire droit sur la Requête desdits Impétrans, que l'Arrest du 14 Juin 1704 ci-dessus rapporté seroit exécuté, & en conséquence que dans un mois pour tous délais le Lieutenant de Police & le Substitut du Procureur Général du Roi audit Châtelet, donneroient leurs avis sur l'opposition formée à l'enregistrement desdites Lettres Patentes, dépens reservés; Une autre opposition faite entre les mains du Procureur Général du Roi à l'enregistrement desdites Lettres Patentes par lesdits Syndic, Jurez & Communauté des Maîtres Cordonniers de la Ville & Faubourgs de Paris, signifiée par Doucet Huissier à cheval au Châtelet de Paris le 19 Juin 1747; une autre opposition faite entre les mains du Procureur Général du Roi à l'enregistrement desdites Lettres Patentes par lesdits Cordonniers, signifiée par Pechot Huissier en la Cour, le 27 Février 1750. Un Arrest de la Cour du 27 Juin 1752, contradictoirement rendu sur conclusions du Procureur Général du Roi, & sur productions respectives des Parties, entre les Syndic & Jurez en charge de la Communauté des Maitres Cordonniers de Paris, ayant pris le fait & cause de Jean Billouart l'aîné Maitre Cordonnier, ancien Syndic de ladite Communauté, & Charles Bardeau aussi Maître Cordonnier à Paris, lesdits Billouard & Bardeau, tous Appelans de l'Ordonnance du Lieutenant de Police du Châtelet, du 20 Février 1739, obtenue sur Requeste presentée par les Syndic, grands & petits Jurez en charge de ladite Communauté des Impétrans, par laquelle auroit été permis ausdits Impétrans de faire transporter le Commissaire de Rochebrune, à l'effet d'être procedé en sa présence à la saisie & enlévement en leur Bureau des ouvrages & marchandises qui se trouveront en contravention, & icelles mettre en sûre garde dont seroient dressez procès-verbaux, avec assignations aux contrevenans en la Chambre de Police, & en cas de refus d'ouverture de coffres, portes & armoires, auroit été permis de les faire ouvrir par un Serrurier en présence dudit Commissaire & deux voisins en la maniere accoutumée; les saisies faites en conséquence le 21 desdits mois & an à la requête desdits Impétrans sur lesdits Bardeau fils & Billouard Maîtres Cordonniers, des meubles & effets y mentionnés avec établiſſement de Gardien, deux Sentences du Châtelet de Paris du 27 dudit mois & an, rendues par deffaut faute de comparoir contre leſdits Billouard & Bardeau, par leſquelles auroit été ordonné que les Statuts de ladite Communauté des Impetrans, Sentences, Arrêts & Reglemens intervenus, ſeroient executés ſelon leur forme & teneurs, défenſes auroient été faites auſdits Billouard & Bardeau, & à tous Maîtres Cordonniers, de plus à l'avenir entreprendre ſur le métier & profeſſion des Impetrans, les ſaiſies faites ſur leſdits Billouard & Bardeau auroient été déclarées bonnes & valables, ordonne que les choſes ſaiſies ſeroient & demeureroient confiſquées au profit des Impetrans, à la repréſentation les Gardiens contraints, quoi faiſant déchargés, leſdits Billouard & Bardeau condamnés chacun en dix livres de dommages & interêts, & aux dépens. Requête & demande des Syndic, Jurez en charge & Communauté des Maîtres Cordonniers de Paris, prenant fait & cauſe deſdits Billouard & Bardeau, inſerée dans l'Arrêt de la Cour du 27 Fevrier 1739, à ce qu'entr'autres choſes il fût ordonné que les Statuts de la Communauté deſdits Cordonniers, regiſtrés en notredite Cour le 18 Mars 1614, & Arrêts du 10 Septembre 1631, 24 Janvier 1675, Avis & Sentence de Police des 27 Mars & 2 Juin 1676, la Sentence du Châtelet du 11 Mars 1682, & l'Arrêt confirmatif d'icelle du 10 Fevrier 1684, ſeroient exécutés ſelon leur forme & teneur; & en conſéquence main-levée fût faite auſdits Jurez & Communauté des Maîtres Cordonniers des bottes & choſes ſur eux ſaiſies à la requête deſdits Impetrans, à la reſtitution des choſes ſaiſies les Gardiens & dépoſitaires contraints même par corps, quoi faiſant déchargés. Autre Requête & demande des Syndics Jurez en charge de la Communauté des Maîtres Cordonniers du 13 Mars 1742, à ce qu'il fût ordonné que les Statuts de la Communauté deſdits Maîtres Cordonniers du 26 May 1564, regiſtrés en la Cour le 18 Mars 1614, enſemble les Statuts de la Communauté des Impetrans, & Arrêts de notredite Cour des 6 Septembre 1631, 24 Janvier 1675, Avis & Sentence de Police des 27 Mars & 2 Juin 1676, la Sentence du Châtelet du 11 Mars 1682, & l'Arrêt confirmatif d'icelle du 10 Fevrier 1684, ſeroient exécutés ſelon leur forme & teneur; ce faiſant, les appellations & défenſes miſes au néant, émandant les ſaiſies dont eſt queſtion du 21 Fevrier 1739, fuſſent déclarées nulles, injurieuſes, tortionaires & deraiſonnables, il fût fait main-levée des bottes & autres choſes ſaiſies à la requête des Impetrans, à la reſtitution d'icelles tous gardiens & dépoſitaires contraints même par corps, quoi faiſant déchargés, leſdits Billouard & Bardeau fuſſent déchargés des condamnations contr'eux prononcées par leſdites Sentences, défenſes fuſſent faites aux Jurez Prud'hommes Impetrans, conformément auſdits Statuts, d'aller en viſite chez les Cordonniers, & d'entrer dans leurs boutiques & chambres, ni de fouiller dans leurs maiſons & paniers ſous quelque prétexte que ce ſoit, ſauf auſdits Jurez Prud'hommes Impetrans, à faire ſaiſir, en préſence d'un Commiſſaire au Châtelet, & en allant & venant, dans les boutiques des Maîtres Cordonniers, & non autrement, les ouvrages qu'ils découvriroient en contravention aux termes des Statuts, & leſdits Impetrans fuſſent condamnés en tels dommages & interêts qu'il plairoit à notredite Cour pour raison des saisies par eux indument faites, & aux dépens des causes d'appel & demande, & même en ceux reservés ; Requête & demande desdits Impetrans du 11 Décembre 1748, à ce qu'où ladite Cour feroit quant à present quelque difficulté de confirmer purement & simplement l'Ordonnance & Sentence de Police dont est appel, ce qu'ils n'estimoient pas, en ce cas il fût ordonné qu'avant faire droit sur l'appel desdites Sentences & Ordonnances de Police, les Arrêts de la Cour des 14 Juin 1704, & 5 Mai 1705, seroient exécutés selon leur forme & teneur ; en conséquence, que le Lieutenant Généralde Police, & le Substitut du Procureur Général du Roi au Châtelet de Paris, donneroient incessamment leur avis sur les articles de Reglemens portés par lesdites Lettres Patentes ; ensemble sur l'opposition formée de la part des Maîtres Cordonniers à l'enregistrement des Articles premier & quatorze desdites Lettres, à l'effet de quoi ils seroient tenus, dans tel délai qu'il plaira à ladite Cour fixer, de communiquer ausdits Officiers du Châtelet leurs moyens d'opposition, pour ledit Avis fait, rapporté & communiqué au Procureur Général du Roi, être procedé en ladite Cour à l'enregistrement desd. Lettres Patentes, être ensuite statué definitivement sur l'appel desdites Ordonnance & Sentence de Police dont est question. Autre Requête & demande desdits Impétrans, du 12 Février 1705, à ce que sans avoir égard aux oppositions formées par lesdits Maîtres Cordonniers de cette Ville, à l'enregistrement des Articles premier & quatorze desdites Lettres Patentes, tant entre les mains du Procureur

Général du Roi, qu'en celles desd. Impétrans, dont ils seroient déboutés, il fût ordonné que lesd. Lettres Patentes seroient enregistrées purement & simplement; & où ladite Cour feroit quelque difficulté d'ordonner quant à présent ledit enregistrement, il fût ordonné que conformément à l'Arrêt de ladite Cour du 14 Juin 1704, lesdites Lettres Patentes seroient communiquées au Lieutenant Général de Police & au Substitut du Procureur Général du Roi au Châtelet de Paris, pour donner leur Avis tant sur ledit enregistrement, que sur lesdites oppositions, pour ce fait & communiqué au Procureur Général du Roi, être ordonné ce que de raison; & en cas de contestations lesdits Maîtres Cordonniers fussent condamnés aux dépens; Requête & demande desdits Impétrans du 27 Août 1750, à ce qu'en conséquence de l'Avis du Lieutenant Général de Police, & du Substitut du Procureur Général du Roi au Châtelet de Paris sur lesdites Lettres Patentes, sans avoir égard aux fins de non-recevoir opposées par la Communauté des Cordonniers, ni à leur Requête du 8 Mai 1750, & à l'opposition par eux formée à l'enregistrement des Articles premier & quatorze du Reglement portés ausdites Lettres, dans lesquelles ils seroient déclarés non-recevables, ou dont en tous cas ils seroint déboutés, il fût ordonné qu'elles seroient engistrées pour être exécutée selon leur forme & teneur, & la Communauté des Maîtres Cordonniers fût condamnée en tous les dépens, même en ceux reservés par l'Arrêt de ladite Cour du 15 Mai 1705, & encore au coût des Procès verbaux faits en l'Hôtel du Substitut du Procureur Général du Roi audit Châtelet de Paris; Requête & demande des Maîtres Cordonniers du 20 Décembre 1750, à ce que sans s'arrêter à la Requête desdits Impétrans du 27 Août précedent, dont ils seroient déboutés, toute la procedure faite par lesdits Impétrans pour parvenir à l'enregistrement desdites Lettres Patentes non renouvellées ni confirmées sur les nouveaux Statuts, fût déclarée proscrite, & plus que perie par le laps de tems de plus de quarante années sans aucune poursuite; en conséquence lesdits Jurez Cordonniers fussent déchargés de l'assignation & demande desd. Impétrans faite par Requête & Exploit du 13 Avril 1750, dans lesquels ils seront en tous cas déclarés non recevables; que l'Avis du Lieutenant de Police & du Substitut du Procureur Général du Roi au Châtelet du 4 Août 1750, fût pareillement déclaré nul, & lesdits Impétrans fussent condamnés aux depens; Requête & Demande des Impétrans du 8 Janvier 1751, à ce que sans s'arrêter ni avoir égard à la Requête & Demande des Cordonniers du 23 Décembre 1750, non plus qu'aux oppositions par eux formées les 16 Octobre 1703, 19 Juin 1747, & 27 Février 1750, à ce qu'il ne fût procedé à l'enregistrement d'aucunes Lettres Patentes pour les Impétrans dans lesquelles les Cordonniers seront déclarés non-recevables, & dont en tous cas ils seront déboutés, ainsi que des moyens de nullités & fins de non-recevoir par eux proposées par leurdite Requête, il fût adjugé ausdits Impétrans les fins & conclusions portées en leur Requête du 27 Août 1750, ladite Communauté des Maîtres Cordonniers fût condamnée aux dépens. Requête & Demandes desdits Jurez & Communauté des Maîtres Cordonniers du 11 Février 1751, à ce que sans s'arrêter à la nouvelle Demande

mande en Requête desdits Impétrans, dans laquelle ils seroient déclarés non-recevables, il fût ordonné que les parties feroient diligence de faire juger l'Instance, en conséquence toute la procédure par eux faite, les Demandes formées, & l'Avis obtenu des Officiers de Police par les Impétrans au préjudice des Demandes formées en l'Instance, fussent déclarés nuls, les autres Conclusions précedemment prises par lesdits Cordonniers leur fussent adjugées, & lesdits Impétrans fussent condamnés aux dépens; Requête & Demande desdits Impetrans du 19 Février 1751, à ce que sans s'arrêter à la demande des Cordonniers du 11 dudit mois de Février, dans laquelle ils seroient déclarés non recevables, ou dont ils seroient déboutés, ils fût adjugé aux Impétrans les conclusions par eux prises avec dépens; Arrêt de la Cour du 27 Mars 1751, contradictoirement rendu entre lesdites Parties sur lesdites Demandes & sur les Conclusions du Procureur Général du Roi, par lequel les Syndic, Jurez & Communauté des Maîtres Cordonniers auroient été déboutés de leursdites demandes en péremption & description, & en nullité de procedures. Requête & Demande desdits Syndic & Jurez en charge de ladite Communauté des Maîtres Cordonniers du premier Juillet, 1751 à ce que faisant droit sur leur opposition sans avoir égard au Duplicata que lesdits Impétrans s'étoient fait expédier desdites Lettres Patentes sur les articles de Reglement, lequel seroit déclaré de nul effet, faute par lesdits Impétrans de rapporter des Lettres Patentes sur leurs articles de Reglement duement confirmées & renouvellées par le Seigneur Roi, lesdits Impétrans fussent déclarés non-recevables dans leurs demandes à fin de faire ordonner qu'il seroit passé outre avec lesdits Maîtres Cordonniers à l'enregistrement dudit Duplicata, sauf ausdits Impétrans à se pourvoir autrement & ainsi qu'il appartiendroit, requerant à cet effet la jonction du Procureur Général du Roi & où notre dite Cour y feroit quelque difficulté, ce qu'il n'y a pas lieu de présumer, en ce cas faisant droit sur l'opposition desdits Cordonniers à l'article premier desdits Reglemens demandés par lesdits Impetrans, & sur lesquels ils auroient obtenu les Lettres Patentes de 1703, non rapportées, il fût ordonné que les Statuts des deux Communautés duement enregistrés en ladite Cour, les Sentences de Police, Arrêts & Reglemens de notredite Cour des 3 Mars 1612, 6 Septembre 1631, 24 Janvier 1675, 2 Juin 1676, 14 Mars, 1682, 10 Février 1684, intervenus entre les deux Communautés, comme aussi les Sentences de la Prévôté de l'Hôtel des prémier Septembre 1674, 14 Septembre 1740, le Jugement confirmatif du Grand Conseil de la seconde desdites Sentences du 18 Juin 1751, & de la Déclaration du 14 Août 1703, enregistrée en ladite Cour, le 4 de Septembre 1705, portant confirmation desdits Statuts, Arrêts & Reglemens de la Communauté desdits Cordonniers, seroient éxécutés selon leur forme & teneur; en conséquence lesdits Cordonniers fussent reçus opposans audit article premier, en ce que lesdits Impétrans s'y sont fait accorder un droit de visite chez les Cordonniers, défenses fussent faites ausdits Impétrans, conformément ausdits Statuts & Arrêts, & aux articles huit & quarante des Statuts des deux Communautés, de faire & entreprendre aucune visite chez les Cordonniers, sauf ausdits Impétrans, en cas de contraventions de la part d'aucuns Cordonniers qui feroient des ouvrages de la profession des Impétrans, à se pourvoir par voye de saisie sur les ouvrages vieux travaillés en contravention, en observant les formalités prescrites par les Reglemens portés par l'Ordonnance, & en l'un & l'autre cas lesdits Impétrans fussent condamnés en tous les dépens, même en ceux reservés, & au surplus il fût adjugés ausdits Cordonniers les autres conclusions par eux précedemment prises, sauf à eux à augmenter aux chefs de leurs oppositions, & sauf d'autres droits & conclusions; par lequel Arrêt la Cour faisant droit sur le tout, sans s'arrêter aux oppositions formées par les Syndic & Jurés en charge de la Communauté des Maîtres Cordonniers de Paris à l'enregistrement desdites Lettres Patentes, auroit ordonné qu'il seroit passé outre à leur enregistrement, si faire se devoit, à la charge par les Impétrans de ne pouvoir faire visite chez les Cordonniers qu'après avoir obtenu du Lieutenant Géneral de Police la permission de faire la visite chez les Cordonniers en contravention ou soupçonnés d'y être, & en se faisant assister d'un Commissaire. Et sur les appels interjettés par les Syndic, Jurez en charge & Communauté des Cordonniers, comme ayant pris le fait & cause de Jean Billouard & Charles Bardeau, de l'Ordonnance du Lieutenant de Police, & saisies faites en conséquence des 20 & 21 Février des mêmes mois & an, sans s'arrêter à leurs demandes concernant lesdits Appels, met les Appellations au néant, ordonne que ce dont a été appellé sortira son plein & entier effet, les condamne en l'amende de douze livres; sur le surplus des demandes, fins & conclusions, met les Parties hors de Cour, condamne les Syndic, Jurez en charge & Communauté des Maîtres Cordonniers en tous les dépens des causes principales, d'appel, opposition & demande envers ladite Communauté des Impetrans, même en ceux reservés par les précedens Arrêts & au coût desdits Procès-Verbaux, ledit Arrest signifié le 10 Juillet 1752 à Me Ringard, Procureur en la Cour, par Fils Huissier en icelle; ensemble la Requête presentée à la Cour à fin d'enregistrement desdites Lettres Patentes, Conclusions du Procureur Géneral du Roi; oui le Rapport de Messire Jean Jacques Severt, Conseiller: tout consideré. LA COUR ordonne que lesdites Lettres Patentes seront registrées aux Greffe d'icelle, pour jouir par lesdits Impetrans, & ceux qui leur succederont en ladite Communauté, de leur effet & contenu, & être exécutées selon leur forme & teneur conformément à l'Arrêt du 27 Juin 1752, sans approbation des Lieux prétendus privilegiés, & de Jugement autre que ledit Arrêt de la Cour. Fait en Parlement le 17 Août 1752. *Signé* DUFRANC. Collationné. *Signé* LUTTOU. *Avec paraphe.*

Imprimés par les soins & du tems des sieurs ANTOINE ROBLOT, *Syndic,* PIERRE PATART, JEAN DALOYEAU, ANTOINE MATTHIEU, *&* CHARLES FRESNOY, *Grands Jurés en Charge.*

L'enregistrement des Lettres Patentes de 1703, & les Arrêts du Parlement des 27 Juin & 17 Aoust 1752, ont aussi éte sollicités par les Anciens Syndics, & les Anciens Grands & Petits Jurés de la Communauté.

www.ingramcontent.com/pod-product-compliance
Ingram Content Group UK Ltd.
Pitfield, Milton Keynes, MK11 3LW, UK
UKHW031915260826
14628UKWH00003B/1202

9 782013 097741